周兵——著

语文老师的味道

成都时代出版社
CHENGDU TIMES PRESS

图书在版编目（ＣＩＰ）数据

语文老师的味道 / 周兵著. -- 成都：成都时代出版社，2021.12

ISBN 978-7-5464-2903-8

Ⅰ. ①语… Ⅱ. ①周… Ⅲ. ①语文教学－教学研究 Ⅳ. ①H193

中国版本图书馆 CIP 数据核字(2021)第 215354 号

语文老师的味道
YUWEN LAOSHI DE WEIDAO
周兵 著

出 品 人	达　海
责任编辑	唐莹莹
责任校对	张　旭
责任印制	车　夫

出版发行	成都时代出版社
电　话	(028)86742352
网　址	www.chengdusd.com
印　刷	成都兴怡包装装潢有限公司
规　格	145mm×210mm
印　张	7.5
字　数	210 千
版　次	2021 年 12 月第 1 版
印　次	2022 年 2 月第 1 次
书　号	ISBN 978-7-5464-2903-8
定　价	56.00 元

目录

CONTENTS

做有情怀的老师

做懂生活的老师

Chapter 1

做有情怀的老师

和学生一起感动

　　今天，我给同学们讲了一篇叫《徐悲鸿励志学画》的文章。同学们都被文中那个勤奋努力、励志学画的徐悲鸿深深吸引和打动。我更是抓住这样的机会不断对同学们进行思想动员，为他们鼓劲，让他们把徐悲鸿的精神引入到学习中来。

　　徐悲鸿是一位画家，从小喜欢画画，他在 1919 年辗转来到法国留学，学习画画。当时，中国非常贫穷，国力衰败，外国人都看不起中国人，徐悲鸿在法国遭受外国学生轻视。当时的徐悲鸿非常气愤，但他明白靠争论是不能改变别人的看法的。他没有反驳，也没有气馁，而是化悲愤为力量，从一点一滴做起，刻苦努力，暗自下决心要成为一名真正的画家，让外国人瞧瞧，中国人不是懦夫。这时，我就问同学们："如果是你们遇到这样的问题，你们会怎么做呢？"这时，同学们踊跃说出自己的想法，都表示要加倍努力，不能让外国人小瞧我们。看着他们一个个非常气愤的小脸蛋，我感受到孩子们骨子里的坚强和可爱。看来他们真的是被徐悲鸿的精神感染到了。

　　法国，人们都认为，那是天堂，繁华富足。可徐悲鸿却没有享受到这些，为了能够有更多的钱投入到画画当中，他住的是最便宜的小阁楼，吃的是最差的饭菜，有时更是一天就吃两块面包。为了画画，有时他一天都泡在展览馆里，甚至忘了吃饭。他像一匹不知疲倦的骏马，日夜奔驰着。在徐悲鸿的不懈努力下，他不仅顺利毕业，而且，他的画轰动了欧洲整个画界。那位曾经看不起他的学生，被他的精神和成就所征服，主动向徐悲鸿认错。徐悲鸿用自己的实际行动向世人证明中国人是聪明的，是伟大的。讲解到此处时，我发现每位同学的眼睛里都含着激动的泪水，说明他们是真正地投入其中了。于是，我就问道："多么艰苦的条件，我们伟大的徐悲鸿，没有被困难吓倒，而是表现出超人的毅力。你们现在的学习条件多么优越，学了这篇文章，你们觉得以后应该怎么做呢？"这时，我发现所有的同学都沉默了，他们在思考，在感悟。几分钟之后，同学们不约而同地回答："老师，您放心，我们一定会向徐悲鸿学习，今后，努力学习，做一个对社会、对祖国有用的人。"听完之后，我泪水"唰"地涌上了眼眶。但我没有让泪水流出来，我要让学生看到坚强的老师。我语重心长地说："同学们，老师相信你们。你们是我最可爱的学生。"

　　徐悲鸿实现了自己的梦想，也为祖国争了光，我们打心底里为他高兴，为他自豪。他让同学们看到了未来，看到了希望。也让我重新审视了我的学生，谁说他们不可爱呢？更让我们师生达成共识：只要付出努力，就一定会有收获的。正所谓，不经历风雨，怎能见彩虹。

（此文写于 2008 年 3 月 6 日）

一束野菊花

　　秋风送爽，由于工作需要，我来到了新单位，迎来了又一个教师节，心里甚是激动。这激动的一刻不禁使我想起那一束野菊花。

　　刚毕业即进入教师队伍，那是我人生中第一个教师节，心里倍感激动。教师节那天，我怀揣课本，带着激动而好奇的心情走入教室。我一下子被眼前那令人眼花缭乱的场景震撼住了。我竟一时语塞，不知所措，好几分钟我只是默默地欣赏着学生们的杰作。教室里拉满彩带，挂满写有"教师节快乐"字样的气球。前后黑板用彩笔写着"祝老师节日快乐"和"老师，您辛苦了"的大字。再一看讲桌上堆满了一包包土特产、一束束鲜花……我热泪盈眶，内心像吃了蜜似的。正当我还沉浸于无尽的喜悦之中时，班长带着几位同学拿着手中的万花筒一起向我喷射，顿时我被笼罩在五颜六色的彩雨中。所有的同学欢呼起来，高喊："老师，节日快乐！老师，您辛苦了！"我流泪了，在学生面前流泪了。我走到讲桌前，看着那些鲜花，嗔怪地说："我不是跟你们说了吗，不要送礼物。你们的成绩才是给我最好的礼物。"嘴上虽这么说，可还是掩饰不了内心的喜悦。这时我的目光被一束野菊花吸引住了，咦，是谁送我野菊花呢？和其他礼物相比，这束野菊花有些相形见绌了，但我觉得这是我收到的非常特别的礼物。于是，我问道："这束野菊花是谁送的？"说完之后，同学们的目光"唰"地一起投向班级的一个角落。一个穿着破旧、身材瘦小的小男孩怯生生地站了起来，小声地说："是我送的。"他说话的时候是那样的自卑，感觉到同学们好像都在看着他，他的头低得更厉害了。班里还有这样一位学生，我从来没有注意到，真失败。当时，我心里难过极了，就是这样的一位学生还想着给我送礼物，而我几乎不知道他的存在。想到这里，我赶紧对他说："你送的礼物，老师非常喜欢，谢谢你。"听我这么一说，他感受到了我的真诚，竟把头抬了起来。四目相视，我感受到一双忧郁的眼睛充满了对爱的渴求。我问："你为什么想到给我送一束野菊花呢？"他顿了顿，说："我家太穷了，买不起什么礼物，可我又特别想送您一份礼物。最后我来到我家屋后，看到满山盛开的野菊花非常漂亮，于是就摘了一束送给老师。"多么纯朴的孩子，我太感动了。最后，我对同学们说："今天，我是最开心的，你们是我最可爱的学生。我非常愿意做大家的知心朋友，不知道大家愿意吗？"紧接着教室内爆发出一阵热烈的掌声，我注意到那个送野菊花的男孩露出了灿烂的笑容，一股暖流涌入我的心田。

课后，我了解到那个送野菊花的男孩叫王大牛，母亲几年前得重病去世了，生前看病使得家里债台高筑，父亲经不起打击也生了病，几乎失去劳动能力，一个家庭就这样陷入了困境。从那以后，王大牛就再也没有了孩子的笑容，总是一个人默默地发呆，成绩也一落千丈。了解到这一情况，我更加自责，为自己没有及时发现并给予帮助。我决定今后要给予他更多的关心和照顾，帮其找回自信。课堂上，我有意识地提一些简单的问题让他回答。课后，我就给他开小灶，把他不会的再跟他讲解。另外，我还到他的家中了解情况。他家仅有三间破旧的土屋，室内没有一件像样的东西，看着真让人心酸，也难怪王大牛那么瘦小了，连饭都吃不饱，哪还有心思去学习呢？此后，我每每出去有事或听课，总要带上一些糖和书之类的，送给他。那年冬天看到他没有棉衣，我就从微薄的收入中挤出一点来给他买了件新棉衣，就为这，他和他的父亲感激不尽，一再感谢，让我觉得不太好意思。同时，我还号召同学们都来帮助他，把平时多余的文具和旧衣服送给他。在我们的关心下，王大牛感受到了温暖，每天开心地生活，成绩也有了很大的提高。他的一篇作文《我的好老师》还在乡内比赛中获得了二等奖呢。我们之间建立了深厚的感情，成了知心朋友。后来由于工作的原因，我调到县城。临走的时候，同学们和家长都到学校来送我，舍不得我走。尤其是王大牛，拉着我的手泪流满面地说："周老师，你为什么要走啊？我会想你的。不知道我还能不能遇到像你这样的好老师……"此情此景，我再一次控制不住自己的眼泪，第二次在学生面前流泪了。我哽咽着说："大牛，好好学习，听老师的话，我会经常回来看你的。有事就跟我联系。"

　　说来也挺惭愧，工作太忙，我一直未能回去。如今又到教师节了，面对城里孩子那一份份"贵重"的礼物，高兴之余，我依然渴望得到一束野菊花。大牛，你现在还好吗？

（此文写于 2008 年 4 月 21 日）

全家总动员关注奥运

自从宣布第 29 届奥运会在中国北京举办，亿万中国人感到无比骄傲和自豪。七年来，我们时刻关注奥运，期待奥运。如今令人兴奋的一刻来临，激动的心情无法用言语来形容。我们全家总动员，一起为北京奥运会呐喊助威！

打头阵的是中国女子足球，真可谓来了个开门红，为中国奥运军团长了气势。排名世界第 14 位的中国女足对战排名世界第三的队伍，实力悬殊，但中国姑娘们毫不气馁，充分发挥敢打敢拼的精神，借助主场优势，以顽强的斗志，二比一的比分战胜对手，真是士气大增，鼓舞人心。20 年来，奥运会上从未进过一球的中国男足，许是受到女足的感染，也是敢打敢拼，主动出击，打出中国精神，打出中国气势。在新西兰首先破门进球的不利情形之下，不急不躁，稳扎稳打，最终在全中国人民的欢呼下，把比分追平。没有胜利，却胜似胜利，洗刷了耻辱，改变了历史，着实为国人争了一口气。有了这样的开头，我们的奥运必将无比精彩，硕果累累！

北京奥运会的开幕式更是向世人展示了中华民族五千年的悠久历史，淋漓尽致地表现出中国艺术的魅力，让世人再次领略到中国的传统瑰宝，也让国人享受了一次文化大餐、重温了中国的古代文明。8月8日的晚上，是我们一家人最激动、最疯狂的一晚。我们看着开幕式，心潮澎湃，思绪万千。全家人手舞足蹈，高呼："中国加油！奥运加油！"一晚上我们都兴奋不已，难以入眠，久久沉浸于优美的画面和情景之中。

我想，有了国人的共同关注和支持，北京奥运会一定会成功举办，中国健儿必将创造辉煌。中国加油，奥运加油！

（此文发表于 2008 年 8 月 14 日《滁州广播电视报》）

我的农歌情

2008 年 11 月 9 日，是全中国农民骄傲的日子。这一天，在美丽的滁州隆重举行了中国首届农民歌会。虽然没能亲自到现场观看，但我依然怀着无比激动的心情守候在电视机前。当电视机里传来宣布中国首届农民歌会正式开幕的声音时，我的心顿时汹涌澎湃，激动不已。我是农民的儿子，为农民而自豪，为农民而欢呼。农民歌会农民唱。歌会上，来自全国各地各族的农民共同演绎了盛世中华的农民情。他们向全国展示了中国农民的魅力、中国农民的力量、中国农民的智慧。会场上一次次掌声雷动，我的心都快要蹦出来了。那一夜，我思绪万千，辗转难眠。

第二天，来到办公室刚坐下，我就迫不及待地和同事们谈我的感受。我问："昨晚看农民歌会了吗？"大家都说："看了，当然看了。""太兴奋了，我一夜难以入睡。"我说。一位同事接着说："这是我们农民的歌会，当然兴奋了，我一个晚上都没睡着。"说得好，我们都是农民的儿女。看到他们脸上都洋溢着无比激动的神情，我的心情更是无法形容。是啊，这回咱农民可真是露了脸啦。咱祖祖辈辈生在农村，长在农村，没想到赶上了好时代，有了农民自己的歌会。如今的农村真是发生了翻天覆地的变化，处处呈现出欣欣向荣的和谐景象。过去的破草屋变成了漂亮的瓦房或洋楼；过去泥泞不堪的土路变成了现在的"村村通"水泥路。农民种田不仅免收农业税，而且政府还给农民各种补贴。农民有了医疗保险，村村有了医疗室，农民不再看病难，大病不再没钱看。党的各项惠民政策给农民带来了真正的实惠，让农民扬眉吐气。正像农歌会上主持人说的那样：过去那是农民争着到城里观光尝新鲜，如今却是城里人吵着要到农村来休闲透气。现在农村最流行的一句话就是：还是咱共产党好，共产党领导我们过上好日子呀！

这话说得再朴实不过了，我亲身感受了三十年来中国农村的巨变。我庆幸，我自豪，我是农民的儿子。此时我的心中有个愿望：愿滁州能抓住机遇，凭借此次农歌会的契机，大力发展，使滁州像三十年前的小岗村那样再次成为中国农村发展的领头羊。

（此文发表于 2008 年 11 月 20 日《滁州广播电视报》）

第一张汇款单

虽已进入冬季，但人们丝毫没有感到寒意，天气依然很舒服。这天，我推着车子从学校大门口走过时，门卫大声喊道："周校长，有你的汇款单。"我一下子愣住了，汇款单？谁会给我汇款呢？噢，该不会……自从写的《亲爱宝贝》发表之后，我已经有好几篇拙文见报了，难道是稿费？想到这心中不免一阵窃喜。

接过汇款单一看，果真是稿费。虽然只有 10 元钱，但这张汇款单对我来说意义非凡。我这个人从小学就不喜欢语文，语文成绩一直很差，着实让我大伤脑筋。后来，进入师范学校，写作依旧是我最头痛的事。命运弄人，工作时领导却偏偏让我教语文。这让我难过和无措了好一阵子。但倔强的我不服输，好，你偏叫我教，我就不蒸馒头争口气，一定教好给你们瞧瞧。于是，我边教边学，拼命补充语文知识，弥补不足。在我的不懈努力之下，每年我所带的班级语文成绩都名列前茅，受到学生、家长以及领导的一致赞扬。我心中好不得意。我成功啦！但我从没有想过要让我的"豆腐块"变成铅字。

受到传统观念的影响，我曾是一个重男轻女的人。女儿出生时，我有些失落。但当我看到女儿乌黑发亮的头发、白皙的皮肤和一张惹人喜爱的小脸蛋时，我抱着舍不得放下，自责当初怎会有那样愚蠢的想法。亲戚朋友都骂我是脑子进水啦，什么年代啦，还有这样的想法？说得好，我也真是的。我每天都沉浸在宝宝给我带来的快乐之中。一时冲动，我决定把对女儿的爱付诸文字。完成之后，心中不免犹豫起来，我的愚见能见人吗？会不会让人笑掉大牙？但最终还是抱着试试看的心情，将之寄了出去。很长一段时间之后，我觉得稿件已石沉大海。却在六个月后的一天，我突然在《皖东晨刊》上看到了我的愚作《亲爱宝贝》。我激动不已，兴奋得好几个夜晚没睡着觉。有了这一次以后，我的信心大增，便尝试着将生活和教学中的点滴体会付诸文字。如今，我已经有好几篇豆腐块见报了。是宝贝女儿给了我写作的灵感、写作的欲望、写作的冲动。宝贝，老爸永远爱你！

于是，我决定将这张汇款单珍藏起来，让它永远成为我的记忆和动力。

（此文发表于 2009 年 1 月 14 日《全椒报》）

师爱似一缕春光

我所教的班级有一位因小时候出过车祸导致脑瘫的学生，她的行动等各方面十分不方便，平时在班上表现得非常自卑，很少和同学交流说话。正因为如此，我觉得自己在学习和生活上应该给予她更多的关怀和帮助。然而恰恰就是这位同学让我有了那次近乎狼狈的经历，至今难以忘怀。

那次，我在批改作业时，发现一位叫黄玲的同学字写得很差，东倒西歪。由于我是刚接这个班，学生的名字还对不上号。到了班级，我就问："谁叫黄玲，请你站起来。"一开始我很和气地说，可过了半天也没有人站起来，我火了——胆子太大了，竟然敢不站起来。于是我又大声地几乎吼叫道："谁叫黄玲，站起来。"这时在学生中传出一个胆怯的声音："我是。"同学们的目光唰地投向了她。此时的我觉得在学生面前失了面子，这让我以后还怎么管理其他同学？我的脸气得发白。虽按捺住了火气，但还是没好气地说："为什么还不站起来，你有什么资格？"她坐着没动，把头埋得低低的，不吱声。看到我的火气很大，同学们就异口同声地说："周老师，她的腿不能站，她得了脑瘫。"瞬间，我觉得五雷轰顶，整个人好像失去了知觉，脸唰地一下子红到了脖根。我意识到由于自己的虚荣心，竟伤害了一个孩子的自尊心。看来我犯了一个严重的错误，我还是一个受学生尊敬的老师吗？我无比自责。

作为老师，犯了错就应该勇敢地向学生承认，要用自己的实际行动来教育学生。我满含歉意地说："黄玲同学，对不起，请原谅老师的鲁莽，没有弄清事实就向你发火。"她慢慢地抬起头，那胆怯的神情稍微有些缓和，只是惊讶地看着我。也许她的心里正在想，这是怎么啦，老师竟向我道歉。缓过神之后，她还是从容地说："老师，不要紧。"短短的几个字，我竟激动得热泪盈眶，说："黄玲，谢谢你原谅了我，谢谢！"她是那么的大度包容，和她相比，我倒相形见绌了，那么冲动，没有涵养，真是惭愧。而此时教室里响起了雷鸣般的掌声。我发现她的脸上露出了灿烂的笑容。我接着说："黄玲，老师相信你，同学们相信你，你一定能把字写好。我们会帮助你的，同学们说对不对呀？""对！"同学们异口同声地回答道。她哭了，激动地哭了。也许是因为她第一次感受到这么多人的关怀。

随后的日子，我一直关注她，上课有意识地多提问她，课后也经常和她交流谈心，给予辅导。同时我也发动班上的同学在学习和生活上多多帮助她。在我们师生的共同努力下，我发现她的字写得明显有进步，各方面表现也都有了很大的提高，得到了我和同学们的一致赞扬。我们发现她比原来开朗多了。有一天，我骑车上班，快到学校的时候，远远地看到黄玲正在妈妈的帮助下练习自己走路。我不觉放慢了速度跟在后面观看。虽然很艰难，但我看得出她很用心，很坚强。我的心里一阵酸楚，更多的是欣赏和感动。我加速，跟了上去，下了车，对她说："孩子，我看了你的练习，你真是很棒的孩子，你一定会成为爸爸妈妈和老师的骄傲!"这次,她笑得更开心了。从她的笑容中,我看到了坚强,看到了希望。

这件事虽然过去很长时间了,但它时时浮现在我的脑海中。是它改变了我,激励着我做一名好老师。在此后的工作中,我时刻牢记,师爱就像一缕春光温暖着每一个孩子的心灵。愿天下的老师都敞开心怀,用我们的爱为所有孩子撑起一片爱的天空。

(此文写于 2009 年 4 月 21 日)

办公桌上的金银花

　　那天正好我值日，很早就来到学校了，推开办公室的门，一股香味迎面袭来。哪来的香味？我在办公室里寻找起来，啊，怎么每个办公桌上都有一束金银花？这是谁带来的呢？等老师们来了，我问有谁知道这些花是怎么回事呀？他们都说不知道。可接下来，一连好几天，办公室里都是香味四溢，让我们倍感温馨。于是我决定弄清楚到底是谁给我们带来了这些美丽的花。

　　这一天，我特地早早地就来到了学校。到了学校之后，我并没有坐在办公室里，而是躲到教学楼后面的一个角落，好发现到底是谁在往办公桌上放那些花。正当我还在想着这个问题的时候，办公室里走进一个我熟悉的身影。哎，那不是我们班的马晓娟同学吗？难道这几天的花都是她送的？我赶紧跑到办公室拦住了她。我问她："这几天的花都是你送的吗？你从哪弄的？"她回答说："是的。我在上学的路上摘的。"这时有几位老师也来了，他们得知是马晓娟送的，都夸奖她真是个好孩子。而我却不那样认为，我板起了脸说："你有空不能把时间放在学习上吗？为什么非要做这样的事呢？既浪费时间，在路上又有危险，以后不允许做这样的事了。"一语既出，老师们都看着我，我也知道我的话有些不妥，赶紧问她道："你为什么要送这些花呢？"她红着脸说："再过几天就是母亲节了，老师就像母亲一样每天关心我们，呵护我们。老师，您看您这么年轻就有那么多的白头发，同学们都觉得心里好难受，您那是因为我们呀。"说着说着，她有些哽咽了。被她这么一说，我的内心也是一阵酸楚，每天真是为他们操碎了心，可我总感觉他们不能理解我的苦心，如今听了她的话语发现我错了，多可爱的学生呀！

马晓娟走后，办公室里的老师们就这个问题说开了。他们都说我今天说的话有些不对，学生是一番好意，却被我批评了。他们哪里知道，我是想他们能抓紧一切时间搞好学习，真是恨铁不成钢呀！作为老师，我真的不需要学生的任何回报，只要他们都能够取得好成绩，将来成为对社会有用之人，我就心满意足了。望着桌上的那一束金银花，我陷入了沉思，愿学生们都能像金银花那样茁壮成长。我的思绪带着对学生的祝福随着那清悠的花香飞向远方。

（此文发表于 2009 年 5 月 17 日《全椒报》）

奏响六一序曲

　　时间过得真快，转眼牛年的六一国际儿童节即将来临。对于每一个学生来说，这可是一个重要的日子。五一过后，我就在学校的晨会上做了六一工作动员和布置。这一下，全校师生纷纷行动起来。

　　早上来到校园，我习惯性地到操场上各处转转，看看。眼前的一幕幕着实让我感受到同学们高涨的热情。他们这儿一群，那儿一伙，正积极投入地自编自演六一节目呢。我的思绪一下子回到了我的童年时代。在那孩提时代，我们对过六一可是日夜期盼。因为那时既没有丰富的业余生活，也没有各种可口的零食。我们总是期待能在六一这天看到优美的节目，吃上香甜怡人的糖果。再者就是表现得好，还能在这一天光荣地加入少先队组织，成为一名真正的少先队员。在脖子上系上那色彩鲜艳的红领巾，别提有多精神和自豪了。"校长早！"一位六年级的女同学和我打招呼。"好，你早！"我说。接着我问道："你们喜欢过六一吗？""当然喜欢。因为这是我们自己的节日！而且我们即将毕业，这是我们最后一个六一了！"说的也是，我又问了身旁的一位一年级的小同学："你喜欢过六一吗？""好喜欢呀！六一不仅可以吃到糖，看到节目，而且我还能戴上漂亮的红领巾。从此以后，我就是少先队员啦!"她高兴地说。看到她那满脸灿烂的笑容,我也笑了。

来到办公室,老师们谈论的话题也都是有关六一的,你班排演什么节目,他班排演什么节目,什么歌曲好听,什么舞蹈好看之类的。为了孩子,我们的老师们真是倾尽心血,奉献爱心。有了这样称职的老师和这样天真活泼的孩子,我们今年的六一必定更牛!

(此文发表于 2009 年 5 月 29 日《滁州广播电视报》)

母校情缘

　　二十年后，我再次踏入母校，走在校园林荫道上，思绪万千，母校是那么的熟悉，那么的亲切。母校曾为我遮挡风雨，教我做人，传我知识。母校，您目睹了我六年小学生活的成长经历，您看着我从一个年幼无知的孩童成长为朝气蓬勃的少年。此时此刻，过往的画面历历在目……

　　母校啊母校，您可记得：当我在爸爸妈妈的带领下第一次踏入校园，我迈出了人生的第一步，老师亲切的目光，同学友好的笑脸，让我有了前所未有的快乐和兴奋，当第一本崭新的课本发到手中时，我激动万分，书中一幅幅美丽的图画勾起我内心的好奇。我不再是天真无邪的幼童，而是一名真正的小学生啦。每天清晨，当我们背着书包兴高采烈地走进校园，沉寂了一夜的校园顿时充满欢声笑语。晨读开始，朗朗读书声在美丽的校园里回荡。下课铃响了，我和同学们一起奔出教室，伴着优美的音乐，整齐地做着广播操，像一只只欢快的百灵鸟和着悦耳的音乐翩翩起舞。课堂上，几十双眼睛齐刷刷地注视着黑板，注视着老师，那么的认真，那么的专注，一个个如饥似渴地在知识的海洋中遨游。日复一日，年复一年，一晃，六年过去了，母校啊母校，您让我依恋，让我成长，即将毕业，我怎么舍得离开你？

　　六年的学习生活，老师成了我们的知心朋友。为了我们，老师的额头被时光老人刻满皱纹，黑发中增添了根根银丝。无论严寒酷暑，深夜，在那微弱的灯光下，您依然认真地备课、批改作业。老师，您是多么辛苦！多少年来，您无怨无悔，与我们同欢乐同忧愁。我们取得好成绩，您就高兴；我们成绩下降，您就着急上火。如今，我才明白，为什么那时每天早晨，我们第一眼看到您时，您脸上总会呈现出那深陷的眼窝，疲惫的眼神。老师您知道吗？这让您的学生心里多么难过，多么心疼！老师啊老师，在我们心目中，您永远是春蚕，默默奉献；是大树，遮风挡雨；是天使，播撒种子。

　　一阵风吹过，校园里飘散着花香。我敬爱的老师，您现在还好吗？母校和您永远深藏我心中。

（此文发表于 2009 年 8 月 16 日《全椒报》）

为共和国喝彩

  初夏的夜晚，吃过晚饭，像往常一样，我和妻子出去散步。街上人来人往，人们都在茶余饭后出来活动活动，感受夏夜给人们带来的那一份惬意。在那些造型美观、灯光明亮的路灯照耀下，行走在宽阔的马路上，我和妻子边走边聊着：现在的街道真的有都市的感觉。想想以前，街道上是像萤火虫一样的路灯，走在狭窄又坑洼不平的路上，那种感受难以言表。

  走着走着，听到身旁的行人正说着今年是中华人民共和国成立60周年的事，如今的中国真是繁荣富强，人民幸福！听着他们的对话，我思绪万千，一时难以平静。虽然我没有目睹祖国60年来的风风雨雨，但我所了解的祖国过去的那一幕幕都不断地在我的脑海中呈现。从解放到现在，中国一步一个脚印，从一穷二白到如今的经济迅速发展，人民过上富裕的生活，祖国母亲在世界上已经成为强盛的社会主义国家。我为我是一个中国人而感到无比自豪和骄傲！正沉浸在想象中，一旁的妻的一声呼唤打断了我的思绪。妻嗔怪道："怎么了？那么深沉，你在想什么美事呢？"我赶紧说："生气了？我没想什么，只是在想我们的共和国已经走过了风风雨雨60年，太不容易了！""是的，我们现在的幸福生活又是多少先烈和前辈们用鲜血和汗水换来的呀！新时期的我们，真应该珍惜现在的美好生活呀！"妻激动地说。"好，好，说得太好了！"我边鼓掌边兴奋地说，"你真行！真有点诗人的气质。"妻不好意思地说："干什么？神经兮兮的，叫人看到多不好意思！"

　　说着说着，我们就来到了全椒的标志性建筑——全椒火车站。全椒火车站是一个现代化的建筑群，宽阔美丽的站前广场成了市民休闲的好去处。到了广场，我和妻子赶紧坐下来休息一会，不知不觉从家到这里，我们已经走了有10里路了。整个广场真是灯的海洋，来到这里的人们都尽情地享受着初夏夜晚的舒适和甜美。全椒火车站的通车使得我县的交通又上了一个新台阶，我县融入了南京一小时都市圈，为我县经济的腾飞做出了贡献。想想全椒这几年的发展那真是日新月异，蒸蒸日上。如今的县城交通发达，马路宽阔，高楼林立，各类高档小区如雨后春笋般在椒陵大地上拔地而起。放眼农村，也是大变样，整洁的环境，条条平坦的"村村通"水泥路直接通向每一个村落。农家书屋进村，超市进村，卫生所进村，生病享受医疗补助，农民真正感受到党的恩情。要是你到农村去，听到最多的就是农民发自内心的感受：还是共产党好啊！还是社会主义好啊！过去咱农村人总想着能攀上城里的亲戚，如今可不一样喽，那城里人都想在农村有个亲戚，好到农村来呼吸呼吸新鲜空气。

　　一旁的妻又说话了："又走神了？该回去了。"我这才从新农村的思绪中走出来。时间不早了，我和妻子打道回府了。在回来的路上，我们路过正在施工建设的"奥康"商业步行街。看到路边的宣传画面，建成后的"奥康"商业步行街，将成为我们全椒的新亮点。想到全椒的未来，她敢打敢拼，一定会超先进位，一定会成为皖东大地上的一颗璀璨明珠。此时此刻，我无法掩饰内心的喜悦，在中华人民共和国 60 岁生日之际，我情不自禁地要为全椒喝彩，要为共和国喝彩！

（此文发表于 2009 年 8 月 27 日《滁州日报》）

别开生面的课间活动

临近寒冬，给孩子们上学带来很多困难，尤其是在课堂上一坐就是 40 分钟，更是让孩子们饱受严寒的侵袭。为了让孩子们不被冻坏，老师们真是煞费苦心，使出种种"看家本领"，让课间活动变得无比精彩，既温暖了孩子们的身体，又增进了师生间的情感。

叮铃铃，下课了，孩子们在老师的带领下纷纷从教室里跑出来。校园里顿时热闹起来，没有了寒冷，有的只是孩子们温暖的欢呼雀跃。

三年级 2 班的学生和老师在做"老鹰捉小鸡"的游戏。老师扮演鸡妈妈，身后是排着长龙的学生扮演的鸡宝宝，再找一个同学扮演老鹰。游戏中，老鹰要想尽办法利用自己的速度去捉鸡妈妈身后的鸡宝宝，捉到哪个，那个鸡宝宝就自动退到旁边，这样鸡队伍就少了一个成员。鸡妈妈张开双臂不断地变化队形去保护自己的鸡宝宝，身后的鸡宝宝随时跟紧鸡妈妈，以得到保护。

四年级 1 班的同学在老师的带领下，进行着师生跳绳比赛。只见年轻的女老师甩着美丽动人的辫子，跳起了绳子，一旁的学生们不断地呐喊："老师，加油！老师，加油！"孩子们看到老师的风采，都跃跃欲试，想和老师一比高下。

　　六年级的大同学在老师的带领下，玩起了古老而传统的"挤油"游戏。老师指挥班上的孩子们靠墙一字排开，分成两帮，在墙上确定一个位置为中线，然后在老师的一声号令之下，两边的孩子们拼命向对方挤去，哪个队伍先过了中线就算赢了。

　　多么简单而传统的课间活动，可它却生动地体现着师生间的那一份和谐与情怀。正所谓简简单单才是真，简单里面蕴含着丰富的内涵！

（此文写于 2009 年 10 月 10 日）

学校来了"七仙女"

　　说起我们学校，我可有太多的话要对大家说。我校原先是一个处于县城发展地带、规模很大的村级小学。随着经济社会的发展，它的位置以及规模都面临着尴尬的境地。周围一座座现代化的小区拔地而起，学生数急剧增加，学校各班学生数严重超员，甚至老师都很难在教室里有容身之处。再加上学校年久失修，存在严重安全隐患。为了孩子们的安全和学习，为了学校的发展，在县委、县政府和社会各界的关心和支持下，我们积极筹措资金，重新建造了一所现代化的小学。

　　今年9月1日，新学校投入使用，全校师生从一个"晴天一身灰，雨天一身泥"的尴尬环境搬入崭新的校园，都无比激动和自豪。因为特殊原因，原来全校只有18名老师，而且只有两名男教师，平时脏活累活都是男教师干。面对实际，我们从不叫苦叫累，总算能够顺利地交接了。我们盼星星盼月亮，做梦都想组织上给我们学校再分两名男教师，也好帮帮手。好在教育局为了解决学校师资紧缺的问题，为我们招了7名老师。本想这次应该有一到两名男老师，但等到老师们到学校报到时，我们着实大吃一惊。没有想到，组织上竟然给我们分来了"七仙女"。看来，想找人帮我们干干重活粗活是没戏了。唉，不要钻牛角尖了，换个角度思考，还不错呀，总算解决了我们学校的师资问题，有总比没有强呀！这样一想，你别说，我们的心里倒是得意了几分。再者说了，"七仙女"的到来，也确实给我们学校增添了一道亮丽的风景线，个个美若天仙呀！

说实话，她们的到来，给我们这个队伍注入了新鲜血液，也为我们学校带来了青春和活力。学生也终于可以看到新面孔了，也增加了他们对学习的兴趣和激情。虽然她们都是打扮入时、花枝招展的年轻小姑娘，但做起事来那是一点也不逊色，这也让我们为之一振。有了她们那样的干劲，我们看到了教育的希望。新学期伊始，搬运课桌椅，她们可是一趟趟楼上楼下跑个不停。真让我们既对她们怜惜，又刮目相看。由于某种原因，学校还没有保洁员，每晚厕所都要由老师代为冲洗。每当这个时候，也总能看到她们争先恐后的身影。新时代的她们还能干这种粗活脏活，真是叫我们所有人和家长一致叫好！

教学上，她们更是毫不示弱，尽心尽力，充分发挥自己的优势，将在大学里学到的技能技巧淋漓尽致地运用到教学之中。她们的教学有声有色，课堂上时时传来学生爽朗的笑声。孩子们认可她们，乐意与她们相处，师生真正打成一片，成为形影不离的朋友。平时，她们还虚心向老教师请教取经，不断充实、提高自己。教研活动时，她们上的一节节生动活泼、轻松愉悦而又充满个性的优秀展示课，令听课的老师和学生感到眼前一亮，真是赏心悦目！她们这些优秀的老师，让学校省心，让家长放心，更让学生开心！

这只是一个好的开端，在她们前面还有一条很长的路要走。而且这条路充满挑战，充满坎坷，也充满诱惑！衷心希望"七仙女"能在教育之路上把握机遇，一路走好，向更高更远的地方翱翔驰骋！

（此文发表于 2009 年 11 月 6 日《滁州广播电视报》）

老干部的风采

接到县教育局的通知，说县老年大学政教班的 60 余名学员要到我们学校检查指导工作。说实话，听到这个消息的时候，我们既高兴又烦恼。高兴的是老干部们到我校，那是我们的荣幸，能给我们带来很多宝贵的经验。烦恼的是这些老干部曾经是政界的老前辈，他们的到来，会不会让我们管理上的很多问题都暴露无遗呀！老干部们要求不要搞什么特别的接待，一切随意就好。但越是这样，我们越要积极地准备，更要认真接待这些老干部，以表现出我们的热情和诚心。

这一天，学校的领导和老师一大早就来到了学校，进行着各项准备工作。一切准备就绪，到了做早操的时间，同学们刚来到操场上站好，老干部们就陆续来了。看到这些老干部，同学们个个都表现出前所未有的激动和热情。广播操开始了，同学们就像说好的一样，做得秩序井然、整齐划一，不管从哪个方向看都是一条线。这是我们所有人都没有想到的。再看看旁边的那些老干部，哇，他们竟也是排得齐整整的。没想到这些曾经叱咤风云的老干部竟是如此的"守纪律"，难怪我们的学生会表现得那么好，原来是受到他们的感染和熏陶呀！早操结束的时候，我们想让老干部们先上楼，以表达我们内心的尊重和爱戴。但让我们意外的是，所有的老干部竟排好整齐的队伍让到一边，要学生们先行。当学生们走完后，老干部们在老年大学校长的带领下，排着队有秩序地向楼梯走去。他们的低调和高素质博得了老师和同学们热烈的掌声和喝彩声，他们用无声的行动为我们这些后辈们上了一堂"人生大课"。老干部们在掌声喝彩声中，精神百倍地来到会场。

会场里，我们早已为他们准备好了茶水和点心。看到这一切，老干部们都会心地点着头，开心地笑了！教育局领导对老干部们的到来表示了热烈的欢迎，并向他们介绍了当前我县的教育形势和未来发展的规划，并希望老干部们能为我县教育的发展献计献策。老干部们表示对我县教育的发展现状非常满意，他们感到放心和安心。最后，老干部们纷纷表达自己的想法和观点，为教育出谋划策。他们的表现让我们看到了他们的风格、品质和关心党、关心人民、关心教育的一颗颗红心，让老师们备受鼓舞，我们没有理由不为教育献身。

一旁的我一直在思考一个问题，他们虽然老了，不在岗位了，但他们的心一刻也没有离开过。他们是国家的宝，是我们的镜子。我只想对他们说："请你们放心，有了你们做榜样和鞭策，我们不会也不敢有所偏离。我们一定会站在你们这些铺路石的肩上，勇往直前，一定会使我县的教育不断创新、不断发展！"结束时，我们用车子把他们送走，看到车子渐渐远去，我的眼睛湿润了。

（此文发表于 2010 年 1 月 1 日《滁州广播电视报》）

上海世博会，中国的骄傲

2010 年 5 月 1 日，世界博览会在中国上海黄浦江畔隆重开幕！4 月 30 日晚举行了上海世界博览会的开幕式。虽不能亲临现场，但作为一个中国人，我要通过电视一睹上海世博会的风采，为世博喝彩！为上海喝彩！吃过晚饭，我就准时坐到电视机前，等候这一激动人心的时刻！

宋祖英和成龙表演的节目拉开了世博会开幕式的帷幕，他们唱出了中国人的热情，唱出了中国人的力量！国务院副总理王岐山在致辞中说道：上海世博会是世界博览会第一次在发展中国家举办。此言一出，我的内心一下子澎湃起来，现场更是沸腾了！这是中华民族在世界之林魅力的印证！

来自世界各地的艺术家们的精彩表演，在展现世界文化瑰宝的同时，也充分表现了民族间的友谊和融洽。室外的大型烟火表演，体现了 2010 年上海世博会的主题："城市让生活更美好！"一个伟大而强盛的中国屹立在世界之林！我们为之骄傲，为之自豪！

上海世博会呈现了世界文化的大融合，充分体现了"同一个世界，同一个家园"。河水中，那插着各展览国旗帜的小舟缓缓驶向远方，预示着上海世博会的圆满成功，预示着世界将不断前进、不断发展。上海世博，必将开成"成功、精彩、难忘"的盛会！

（此文写于 2010 年 5 月 9 日）

教师要甘做"荷叶"下的"荷花"

　　也许有人会问教师为何要做"荷叶"下的"荷花"呢？那"荷叶"又代表着什么呢？在这里我就要为大家揭开这个谜底。这"荷叶"就是我们师者每天都要面对的学生。那这个题目到底是什么意思呢？就是说当代教师在教育教学工作中要甘于"躲"在后面，把舞台交给学生，让他们能够更自由地发展和成长。要让学生真正成为课堂和学习的主人，而教师就要做背后的"教学导演"。

　　说起这个话题，还要感谢2012年7月在南京培训时，一位专家做报告时的说法，让我有所思悟。说实在的，这也正是我们现代教育一直在思考和讨论的话题。新课程改革十多年来，最主要的争论还是如何把学生从课堂教学中解放出来，让其快乐为之、主动为之。但这么多年来，我们付出的努力不少，得到的成效却不容乐观。理论上，我们的教师都能够明白，都能够接受，而一到实际操作，不知是什么原因，总也逃脱不了以往的怪圈子。如今的课堂教学"涛声依旧"，我们的师者还是拼命地传授和讲解，挤占了大部分的时间，学生根本就没有表演的"舞台"。每每我们的师者还满意于为孩子们带去了更多的知识时，殊不知我们的孩子是多么痛苦和压抑。他们失去了表达的机会，久而久之，就会抹杀孩子们对学习的兴趣和激情，同时也阻碍他们学习能力的训练和培养。我们要知道，无论何时，无论何地，兴趣是最好的朋友，是最好的催化剂。失去了这个好朋友和催化剂，孩子们就会对学习失去耐心，那我们再大的付出都将会是徒劳无功的。

作为现代教育人，我们目前急需解决的就是要想方设法改变原有的那一套，要彻底放手，把课堂的主动权归还孩子，让孩子们在原本就属于他们自己的舞台上尽情表现，这不是我们教育人所要的最终和最好的结果吗？所以，我倡议，我们要乐于做一朵"躲"在"荷叶"下的"荷花"！

（此文发表于 2012 年 9 月 4 日《全椒报》）

办公室里透出的灯光

　　我见过五彩缤纷的霓虹灯，见过朦胧温馨的路灯，见过具有穿透力的汽车前大灯……但最让我难忘的是办公室里透出的灯光。

　　巧得很，我们学校和全县青少年校外活动中心坐落在一个大院子里，正好我的宝贝女儿在活动中心里学习拉丁舞，于是我每一个星期日都要陪着女儿去跳舞，就少不了要去学校里到处走走。说实话，平时工作挺忙的，也顾不上家里，更谈不上带孩子了，所以只能在周日才有空和女儿小聚，这也让我喜悦。每当女儿进去跳舞，大多时候我都会到我的办公室里整理材料，偶尔也会在校园里转转。作为学校的一分子，我非常希望能够为学校做点儿什么，给点儿合理的建议什么的。

　　女儿跳的是第四个班，每每都要跳到天黑以后。有一天，天黑后，还没有下课，我一个人正悠闲地走着，下意识地向上望了一下，咦，教学楼的四楼怎么有灯光呢？今天不是星期日吗？不会有人来呀，难道有小偷？出于安全，我赶紧向门卫询问是怎么一回事。从门卫口中得知，刚才有两位英语老师到校，可能是在批改作业什么的。原来如此。我也就没再多打听了，偶尔的一次说明不了什么。接下来几个星期的同一时间，我有意识地去观察，让我惊奇的是那办公室里的灯光都准时亮起来了。好奇心促使我要上去看看究竟，他们在做什么呢？为了不打扰他们，我上楼时特意轻手轻脚。走近一看，我惊呆了，他们正忙着在那批改作业和备课呢。我的内心一下子感动不已——星期日，他们能够牺牲休息时间来到学校工作；如今别人都不看好教育，他们还能这样投入；很多人都在忙着拼命挣钱时，他们能这样淡泊名利一心从教……

如今，我的身边还能有这样一群不为金钱所动，不为名利所惑，安安稳稳地、平平淡淡地守着自己那神圣的一亩三分地的人，实在难能可贵，实在让人叹服。如果有谁不能安心从教，不能用心从教，看看他们，能不汗颜？本想进去和他们聊聊，但又不忍心打断他们的思绪，于是我转身下楼。我发自内心地想对他们说一声："向你们致敬，你们是新时期最可爱的人！"

那天晚上，我彻夜未眠，那办公室里透出的明亮的灯光不断在我的眼前闪烁。

（此文发表于 2012 年 11 月 9 日《全椒报》）

教室里爬出两只螃蟹

一天，我正在无比投入地上着课，同学们也听得很入神，这也正是我所期待的课堂。正当我讲得起劲的时候，突然教室里出现一阵骚乱。一位同学赶紧站起来汇报，说是地上有两只螃蟹在爬。一石激起千层浪，教室里一下子炸开了锅。我也被这突如其来的场面弄得一头雾水。这还怎么上课呢？我想，此时要是接着上课，那肯定是一个人的演讲。怎么办？我的脑子就像一台电脑一样迅速地进行搜索。好，有了！正好利用这两只螃蟹来调节一下原本就有些枯燥乏味的语文课堂。

我不去追究螃蟹的来源，那样浪费一节课也得不到我想要的结果。于是，我说道："同学们，这两只螃蟹跟我们有缘，你们来猜想一下，这两只宝贝是从哪儿来的呢？我们将如何处置它们呢？"教室里静得出奇，孩子们都开始冥思苦想，哪还有心思去闹腾。看来这个办法挺好，不仅把散了的课堂收了回来，而且还将问题抛向了学生。我接着又说："我这节课不上新课了，现在你们分小组讨论并解决我刚才所说的问题。你们也可以大胆想象，我们不妨来一次小练笔，肯定特别有意思。"领了任务，孩子们就开始忙活起来了。他们讨论得可热烈了，得出了很多千奇百怪的答案。真不能小瞧他们，小脑袋瓜子里可装着大智慧呢！

总算，这一节课没有白白浪费掉。我一边欣赏着他们的奇思妙想，一边为自己这临场发挥而得意。当然，我也不能就这样放过那个带螃蟹进班的人。课后，我找到那个孩子，从不同方面向他说明带螃蟹来的不当之处。在我的耐心教育之下，那个孩子终于承认了自己的错误。

事后，回想起来，我就在设想，假如当时大发雷霆，揪出那个顽皮的孩子一通臭骂，然后照样上课，那肯定是另一番结果。那样的话，也就没有了上课的气氛和效果。作为一名教师，应该随机应变，将语文课堂打造成孩子们喜欢的"和谐之旅"！

（此文发表于 2013 年 3 月 25 日《滁州日报》）

童心未泯

又是一年中秋夜，月明星稀，烟花礼炮声此起彼伏。晚饭过后，我们一家三口在小区内的运动场上闲逛。这个运动场就是小区居民平时活动的场所，加之今夜是中秋夜，人比平时要多了许多，家长带着孩子出来散散心——说实话平时孩子学习也挺累的，一家人难得一起休闲。

运动场上的人们说笑着，运动着。在明亮的月光之下，显得其乐融融。这时，两个妇女带着几个孩子也来到了这里。看样子，这两家要么是亲戚，要么是相处甚好的朋友，她们和孩子有说有笑，和谐得让人直要生出嫉妒之意。只见那两位妇女双双走到一处运动器材下，一边一个玩起平衡来。两人玩到兴起，竟双脚离地，并发出爽朗的笑声。那笑声让人羡慕，让人喜欢。其中一人的儿子被她们的笑声所感染，不禁脱口而出：两个童心未泯的中年妇女。听到儿子这么一说，两人乐得更欢了，让一旁的我也觉得，呀，这笑声真的是一种发自内心、童心未泯的笑。想想自己，这么多年来，这样笑过吗？仔细盘算，应该是没有。真的好可怜哦，我不禁自嘲。

是啊，随着社会经济的发展，如今人们的生活节奏也变得越来越快，总感觉太累了。那让人陶醉的爽朗笑声更无从谈起，是多么奢侈。细想起来，要是每天能这么一笑，那是多么幸福呀！世人如此，我们的教育人又何尝不是如此呢？童心从何而来，我的理解就是内心要有爱，有了爱，你就能童心不泯！

（此文写于2013年9月21日）

爱之花让课堂更有灵气

"爱之花开放的地方，生命便能欣欣向荣。"从教十多个春秋，结合我对教育的理解，对于这句话，我有着自己的看法和体会。自从听了那次课堂教学大赛的几节课之后，更加坚定了我自己的理解——爱之花让课堂更有灵气。

我非常有幸被县教研室的语文教研员邀请担任县"满意课堂"教学大赛的评委，说实话，我心里真是好不得意。这样的活动能使我积累很多课堂教学的实例和素材。因为此次参加比赛的选手都是经过学校推荐，然后通过初赛选拔出来的，可以说是代表着我县课堂教学较高的水准。老实说，虽然坐在底下，表面很是得意，但内心深处还是有些"坐立不安"的。他们的课堂教学能力不一定是自己能及的，所以在思想上还是非常重视，不仅认真聆听，而且要做好听课记录。每节课，参赛选手都做了精心的设计和准备，教学设计可以说是无可挑剔的。这也是我参加此次活动受益最大的地方。但让我意想不到的是，选手们的表现，那可谓是参差不齐。为何会出现如此大的差别呢？我一边听一边揣摩，终于找到了原因，那就是一个字——爱。为什么呢？因为有一些选手在课堂上缺乏教育最重要的要素——爱。

爱是什么？爱是教育的本质，也是教育的关键。这也是我一直以来坚守的教育信条。一个教育者如果没有爱，他是不会全心全意对待教育和学生的。他会以自我为中心，缺少对学生的关注，从而使课堂教学出现偏差，违背教学发展的规律，这也与现在的教育精神以及新课标背道而驰。越是这样，他就越无法抓住学生的心，激发学生的兴趣。这类教师就会板着面孔，装出严厉的样子来，以此掩盖自己内心的恐慌和无助。如，一位女教师，一出口就让我们"大开眼界"——"你为什么连这个题目都回答不上来？""你听听别人的回答。""你回去没有认真预习吗？""你没有朗读吗？"……一连串对孩子有些责怪和鄙夷的语句就像一个个"定时炸弹"在学生的心里炸开了，孩子们傻眼了，目光开始凝固，课堂气氛一下子就紧张起来了，我们看着揪心啊！结果可想而知。而相反，那些内心充满爱的教师面对学生时则表现出喜悦、开心，脸上满是阳光，学生看了就感受到亲切和温暖，愿意接受和聆听教师的教导。这样的课堂，师生之间配合默契，气氛活跃，让学生真正体会到了他们是学习的主人。学生由被动学习转变为主动学习，兴趣有了，学习就成为快乐的事。正如江苏省语文专家、特级教师孙双金所说：一节成功的课堂应该是孩子们的小手直举，小脸涨得通红。如，同样是一位女教师的课，"孩子们，我今天非常有幸能和你们成为师生，想和你们交个朋友，不知你们欢迎吗？"态度诚恳，孩子们没有不接受的理由。"欢迎。"孩子们异口同声地答道。来了个开门顺呀！"孩子们，谢谢你对我的友好。下面我就带着你们飞往知识的王国。"孩子们都怀着好奇的心情注视着眼前这位尊重他们的老师，期待她接下来的表现。

爱，是一切活力的源泉；爱，是心灵沟通的钥匙；爱，是学习知识的润滑剂。只要拥有爱，我们就会心心相通；只要拥有爱，我们就会携手共进；只要拥有爱，课堂就会充满活力。随着自己在教育这片沃土上不断耕耘，不断前行，我越来越坚信自己的教育信条：爱之花必将让课堂富有灵气！

（此文写于 2013 年 11 月 30 日）

大山的足迹

万亩板栗林，清澈的山泉水，远处那连绵起伏的大山，见证了山里娃的人生梦想。自从离开家乡外出求学工作，已有十多年没回来了。无论在何时何地，心中总是抹不去对故里的牵挂，尤其是将我领上人生正轨的梁老师。今天约了几位同学看望老师并一起重"游"孩提时代的巴学园。

车子在山间公路上不断前行，从集镇行驶了十多里路，终于到了大山深处最偏远的村子。老师在我们的帮助下艰难地从车子上下来（她因长年累月的工作劳累，身体已大不如前了，行动受到了很大的影响）。刚下车，就被远处一位正在劳作的农妇认出，大声地向我们这边喊道："梁老师，梁老师，梁老师回来了……"喊话中，我们能够深切地感受到亲切和她的惊喜。听到喊声，村里的几十个老人儿童一起拥到车前（多年前村里还有一百几十号人，现在出去工作的工作，上学的上学，也就剩下这几十个老人和留守儿童了）。这感人的场面，让老师激动得不能自已。在大家的簇拥下，我们来到了曾经的巴学园——三间已经翻新过的瓦屋。

儿时，我们这里远离乡镇，条件艰苦，到了上学年龄的孩子也只能帮家里放牛、放猪等，无缘读书。是十八岁的梁老师带着对教育的梦想，放弃优越的工作，毅然来到这大山深处，给我们带来了知识，带来了希望。为此她受了家人亲戚多少白眼。这一待就是 30 年啊！一个如花似玉的大姑娘在这"鸟不生蛋"的地方奉献青春是何等的伟大。儿时的我弟兄多，家里条件差，父母无法供我上学，但好学的我经常偷偷地趴在窗外听课。老师发现了我，问明情况，在学校极其困难的情况下，免除我的学费，对我父母说："怎能不让孩子读书，不读书就是新时代的'瞎子'呀！"这样父母才勉强让我上学。

说是学校，其实就是一个教室，学生分成一、二、三年级，都在一起上课。好在我还算争气，成绩挺好，没有让老师失望。老师上课是一会儿上一年级，布置作业，让三年级孩子辅导，再上二年级，布置作业，最后再上三年级。只要有空闲就抓紧批阅作业，再进行辅导。有时放学之后，还要将没有学好的孩子留下来开小灶，时间太晚怕孩子们路上危险，老师总是将他们送回去再自己回来，让人敬佩不已。课余时间，老师还变着花样和我们做游戏，丰富大家的生活。那时，我们多么快乐，多么幸福！以至大家都不想回家，就是星期天也会三五成群地跑去看老师。每次老师都在批改作文或是备课，看到我们她是那么地开心，然后放下手中的笔，热情地招待我们，和我们谈心，带我们走入田野，领略大自然的魅力。因为老师的努力，我们每次在全乡考试或作文评选中总能取得好的成绩，我的作文《我的老师，我的妈》也发表在《滁州日报》上。

到了结婚的年龄，老师跟对象提出的唯一要求就是：要支持她待在大山教书。新婚之后，她就过上了两地分居的生活，但是她是快乐的。有了孩子，她把孩子交给母亲带，自己还是坚持与我们在一起。母亲责怪她，她只是说："妈妈，对不起，我不能放弃那些孩子。"其实，我发现她经常在教室的山墙后偷偷地哭，其中缘由只有她心里清楚。寒来暑往，大山的学校迎新送老，一批批学子投入祖国建设之中。

如今，她的学生遍布九州，涉及各行各业，逢年过节，她总是能够收到来自全国各地的明信片和贺卡。老师的心里有说不出的满足……一行人站在学校的山坡上，放眼眺望，连绵的山，承载着梦想——大山的足迹犹如一朵美丽的云飘向远方……

（此文发表于 2014 年 8 月 11 日《滁州日报》）

为雷锋精神留下空间

雷锋，一个响彻神州大地、传遍大江南北的名字，一个广为传颂、深入人心的名字。雷锋是一个时代的标志，是一个民族的骄傲。他的精神应永远流传。为了纪念雷锋同志，每年的三月是学习雷锋月。每年我们都会开展一系列活动来教育和影响孩子，将雷锋精神传承下去。但是这些活动到底收效如何呢？

今年三月，根据学校德育工作的安排，每班召开一次"学雷锋"主题班会。在我的认识中，每年都开展这样的活动，作为五年级的孩子应该对雷锋的事迹和精神有比较深的认识和理解了。经过一番精心准备，我准时在班上开展了"学雷锋"主题班会。在小主持人的引导下，在《学习雷锋好榜样》的歌曲中，我与孩子们踏上感受雷锋精神之旅。从孩子们那专注的神情可以得知他们是用心的，是真诚的。但当主持人问你们都对雷锋有哪些了解，请说说他的故事时，孩子们一下子表现得漠然。是不愿说，还是不会说？我不得而知。当时，我的内心充斥着火气，为什么这样的精神没有被好好传承呢？是我们教育的缺失吗？肯定不是，每年都开展系列活动，大会小会也都在说。是孩子们心中没有"雷锋"吗？肯定也不是。那到底是什么地方出现了问题？思前想后，那就是现在这个时代缺乏雷锋精神存在的土壤，从而影响了雷锋精神在孩子们的心中生根发芽。

当然，就凭我一己之力，无力改变这种现状。但我不想放弃，作为教育人，我有责任在力所能及的情况下为孩子们培育这种土壤，让雷锋精神生根发芽并茁壮生长，在我们的校园乃至更大的范围绽放得更加灿烂。于是一个大胆的决定在我的脑海中出现，每周利用班班通设备播放一次《学习雷锋好榜样》歌曲，每月组织一次雷锋日记诵读及交流活动，让孩子们在不断的习惯性活动中受到雷锋精神的滋养。虽说这样的做法也许会有人不认可，也许会给我管理班级带来影响，但无论怎样，只要是为了孩子的成长，就应该大胆地尝试。传统不能忘，精神不能丢，教育就应该让孩子们接受新事物、新理念、新思想的时候，在心里为传统精神留下一些空间。

（此文发表于 2015 年 4 月 7 日《滁州日报》）

为老师晒晒"现场"寄语

学期即将结束，又到该为学生撰写寄语的时候了。为了保证寄语撰写的质量，督促教师用心撰写，学校是动足了脑筋。如今，各个学校都会提前发放寄语草稿本，让老师先将学生的寄语在本子上打下草稿，交至学校进行查验，大体通过方能往素质报告册上填写。有时，还是不能做到很放心，于是，又决定在老师撰写好之后，再来一次"成品"抽检。说实话，这样做好似对老师不够信任，但在实际操作中，部分老师的能力和态度着实让人不敢怠慢。

作为教学管理者，说得再好，不如示范得好。于是我突发奇想，何不给老师们来个"现场"示范，这样会有更为直接的示范作用。好在，我也在教学一线，本是班主任的事，被我"要"了过来。寄语是班主任对班上孩子一学期来表现的总结和期望，短短百十个字要想说得到位确实不易。我们不仅要能够将孩子们的成绩和不足呈现出来，而且还要做到不能过于直白、过重，注意保护孩子们的自尊心。作为班主任既要有比较好的语言表达能力，也要有很好的观察力。在用心撰写之后，我觉得自己的作品首先让我比较满意，何不让大家评判一下，我的作品是否能够作为示范。

对于班上一位一直老实本分、学习认真却成绩不是很理想的孩子，与家长沟通，得知其不愿阅读，知识面狭窄，不过书写美观，我这样写道：新学期，老师看到了一个做事大方得体的你，能够认真对待学习，秀气的书写让人欣赏。老师要送你一句话：学习＝书本＋实践或课内＋课外。暑期要爱上阅读，你的成绩会提高，思维会开阔。

一位中途转学来的孩子，学习基础差，而且不合群，但我们没有嫌弃他，而是都去关心他，帮助他，因此他很感动，融入了集体，最后进步较大，我这样写道：你来得迟，但我们相处得融洽。帅气、可爱的你让老师和同学多了一些欣赏。看到你的成绩在进步，我们为你高兴。望你也能感受到，在新学期让成绩像小溪里的水流向成功的"远方"。

一位长相阳光帅气的男孩子，成绩一直处于不上不下的状态，不管你怎么着急或是大家怎么努力，他都是漫不经心的样子，让人无从下手。在老师的帮助下，后来他总算有了些进步。于是我这样写道：你是一个帅气、讲究的男孩。看到你的变化，老师很欣慰。学习上，你依然如往常不紧不慢，前进的步伐有些缓慢。老师想送你一句话：帅气的外表加丰厚的内在就是完美。切记！望你能够领悟！

一位女生长得挺可爱，可就是上课开小差，学习不专心，让我们伤脑筋，说她吧，她什么都懂，就是控制不了自己。我这样写道：戴着眼镜，让你文静里添了一些甜美。在老师眼里，你乖巧、听话。学习上，老师说你较多，那是鞭策你。因你在上学期的基础上进步不大，老师替你着急。希望你能够在今后的学习中多一些投入和细心。

班上一位我们老师的小助手，平时学习认真，成绩优异，工作能力强，雷厉风行，脑子灵活，各方面表现突出。我就这样写道：你是一个漂亮、能干的女孩。学习上，你扎扎实实；工作上，你勤勤恳恳；活动中，你风风火火。应该说，你是老师的得力助手。老师还是送你一句话：学海无涯，望你能够"笑"到最后！

一位能说会道、思维敏捷的男孩，课堂上总是语出惊人，让老师很是喜欢。可他就是不用心对待学习，成绩老是上不去，我们也是百思不得其解，他怎么就搞不好学习呢？在期末的检测中，他竟出乎意料地取得了91分的好成绩。我难免激动，这样写道："91分"说明你很棒。每次课堂上，你总能在老师需要的时候及时地举起手并抛出答案，因此你也获得了很多赞颂和掌声。老师想对你说，滴水穿石呀，明白了，就扎实地做好每一步。

一位头脑聪明、思维独特的男孩子，经常在课堂上冒出"格言"般的话，让老师和同学对他刮目相看。可他总不能迎难而上，学习拖拖拉拉，让人着急。为了激励他，我这样写道：在老师的眼中，你充满智慧。记得在班上你那"格言"般的回答吗？获得了多少掌声啊！老师要告诉你：智慧应该与勤奋为伍，方能创造奇迹。加油！让自己成为所有人的骄傲！

撰写寄语本是班主任老师的本职工作，不应该在这里班门弄斧，但有些老师写得不好。寄语一片赞扬声不利于学生的成长，一片批评声又可能打击学生的兴趣，所以说寄语的撰写其实也是一门学问，小视不得。

（此文写于2015年6月27日）

经历了，我就不后悔

有句话说得好：存在即合理。我一直喜欢这样的表述，它具有哲理性，表明万事万物只要存在，就有它存在的理由。作为一名教育人，既然走上教育之路，已经存在，它就是理由，无需后悔。所以，从教十八个春秋，一路走来，有过压力、有过努力、有过收获……我经历了从农村到县城、从普通老师到副校长、从青年到中年，时代在变、社会在变、学生在变，但我的教育理想没变，我的教育追求没变，矢志不渝地想把教育之路走好。

根据上级的方案，我参加了一个学校校长的竞选。报名前，我没有过多地去考虑能否选上，更多的是想到自己能够多一个经历。生活的历练让我明白只有经历过，才能让自己不断成长、不断成熟。有了这样的想法，我就准备轻装上阵。有句俗话：鞋只有穿在自己的脚上才知道合不合脚。一针见血地指出，成功也好，失败也罢，真实的内心只有自己最清楚，别人无论如何是无法体会的。正所谓越是轻松面对，就越是能够正常发挥。但身边的人对我抱有很大的希望，反而让我觉得有了些压力，总感觉不成功有些对不起关心自己的人。自己一下子从之前的轻松变得在意，还好我是个有经历的人，这点压力还是能够承受的。不说自己有多少学识，起码自己是个努力之人、用心之人。

竞选如期而至，虽最后与人并列第一进入考察阶段，但我还是对自己的发挥感到不满。我感到自己还有很长的学习之路要走，唯有不断学习才能让自己在教育之路上走远、走好。在大家的关注下，最终未能如愿，我没有丝毫的失落，有的是对自己的不满，学识不够，能力不够。我依然需要努力，依然需要学习。我准备放下，继续我的工作，但亲近的人总不放心，怕我想不通，想方设法地开导我。对于他们的关心，我万分感激，生活中被关心是最大的幸福。感激之余，我更多想对他们坦露自己的内心，以免他们担心我。思来想去，我还是想到写这样一篇文章向他们一诉衷肠。我想对朋友们说：我是有经历的人。经历说明什么，说明已成熟，说明能承担，说明够强大。正像一首歌唱的那样：不经历风雨，怎么见彩虹？只有经历了生活中的"风雨"，才能拥有事业上的"彩虹"。换言之，这叫：天将降大任于斯人也，必先苦其心志，劳其筋骨……这不正是我的写照吗？

我还是我，我还要继续我的教育之路，还要不断努力、不断思考、不断成长……经历过了，我就不后悔。

（此文写于 2015 年 9 月 26 日）

留住"永不消逝"的激情和青春

　　每一个人都年轻过，每一个人都有过激情。但有一天，我们的青春不再，我们的激情不再。试问，这到底是什么原因？当年，我们还是个年轻小伙或少女的时候，对于工作是那么向往，那么投入。无限的激情，无限的活力，让人羡慕，让人陶醉。时间流逝，我们的激情去哪了？我们的活力去哪了？我们开始彷徨，开始消沉。

　　生活中，工作中，总是听到有人说我们要热爱生活，我们要热爱工作。放眼一看，我们目之所及处除了少数几个活力不减，激情不减，多数已经有所怠惰，就连他们自己都不知道自己是怎么了。单位每年有新招录的大学生，从他们的身上总能看到大家曾经的影子。在操场上，我看到一位新人正在带领孩子们上体育课，是足球课。虽然是一年级的孩子，但他们依然能够在老师的带领下像模像样地摆弄着足球，是那么快乐，那么幸福，不时传来阵阵清脆悦耳的笑声。据说，这位年轻老师特别讨学生喜欢。课内课外，孩子们总喜欢与他相处。究其原因，我想就是他具有活力，具有激情，总能走近孩子们的心灵，走进孩子们的世界。让我不禁想到当年毕业前的实习时光，我是那么地喜欢孩子，孩子是那么地喜欢我。每每课后身边总是围着成群的孩子，心里有说不出的得意。可岁月不饶人呀，现实总是冲击着人的梦想和憧憬。是我们变了吗？我想，也许吧。转念一想，又不太对。我们没有变，变的是环境，变的是世俗。人言可畏呀，没有好的氛围和环境，没有好的体制和机制，久而久之，人就会被世俗所湮没、所同化。

我们不禁有些感伤，有些难过，难道我们就不能永葆激情、永葆青春吗？著名教育家魏书生无论历经怎样的苦难和挫折，都能够矢志不渝地一心从教、一心乐教、一生从教、一生乐教。他坚定自己的理想信念，不让自己活得迷茫，不让自己的灵魂飘荡。著名特级教师于漪认为，教课就是生命在歌唱，教育的力量在于教师的成长，而教师成长的根本在于深度的内心觉醒。著名特级教师窦桂梅视讲台为人生主场，她认为，顶着特级教师这个称号，就必须要把"特"做到极致，具备激情和思想两种特质。课堂上，让人首先感受到的是她的激情。优雅的气质、极具感染力的表达、恰当的体态语言……她让人体会到母语的内在之美，感受到语文的趣味和魅力，也让自己成为讲台上一道无法复制的风景。一个个鲜活的事例向我们展示了激情和活力的魅力，正像有句话说的那样：有付出才能有回报。我们抱着激情和活力对待工作和学习，也将收获无限的激情和活力。我们改变不了，就应学会去适应。正所谓生气是一天，快乐也是一天，难受是过，幸福也是过，我们又为何总是拿别人的错误来惩罚自己呢？不值得，太不值得了。魏书生老师的一句话应是我们每一个人都该记住的——要把每天在学校工作当成是占了很多便宜。有孩子陪伴我们，有对象可以倾诉，有场所锻炼身体……可以利用"公家"的时间去思考、去书写、去幸福、去快乐，我们占了多大的便宜呀！为什么还要不高兴呢？

我们是教育人，只有我们拥有了活力和激情，才能将活力和激情传递给孩子们。反之，必将是一片"灰暗"。正所谓"破窗理论"：一个房子如果窗户破了，没有人去修补，隔不久，其他的窗户也会莫名其妙地被人打破；一面墙，如果出现一些涂鸦没有被清洗掉，很快，墙上就布满了乱七八糟、不堪入目的东西；一个很干净的地方，人们不好意思丢垃圾，但是一旦地上有垃圾出现之后，人就会毫不犹疑地抛，丝毫不觉羞愧。因此，我们不但要自己重拾激情，还要带给学生激情；我们不但要自己快乐，还要带给学生快乐。唯有这样，我们才能让工作和学习留住"永不消逝"的激情和青春！

（此文发表于 2016 年 1 月 25 日《滁州日报》）

戴红领巾的感觉真好

少先队组织对于大多数人来说或许早已忘却，或许已不再关注。但对我们教育者来，尤其是小学教育者来说，不仅熟悉，那可是每天相伴。但鉴于教育所面临的现状，大家都一门心思往"分数"和"升学率"看齐，对于这些学校管理的"支柱"和"抓手"往往忽视或放弃。而随着社会的发展，学生受到社会上一些不良思想的影响较多，德育工作显得越来越重要。习总书记提出：以德为先。我校在紧抓教学质量的同时，开始强化学生的德育管理。作为小学，我们就把少先队工作作为德育管理的重要平台，让少先队组织发挥其应有的作用，以制定规章制度、开展丰富的活动、召开主题队会等诸多举措来推动工作。这不，在今年的三月"学雷锋活动月"中，我们就在四年级开展了学雷锋主题中队活动。

记得那天中队活动开始前，当我走进一个班级时，刚入座，就有一名少先队员递过来一条红领巾说："周校长，给您红领巾。"我把手伸过去接住，不经意地问道："我要红领巾干吗？"那位小队员冲我笑了笑，说："当然给你戴呀！"啊，我转过头四周望了一下，原来大家都戴上了。你别说，各位老师戴上之后，还真有点儿那么个意思。看着我拿着红领巾愣在那儿，一位老师笑道："周校长，你不是不会戴了吧？"你别说，经他这么一说，搜索记忆，唉，还真不会了。时光流逝，那熟悉的动作不知什么时候已被繁杂的工作所覆盖。不由得脸有些微红，作为少先队员的老师竟不会戴红领巾，说不过去，好不尴尬。好在一位老师及时伸出了援手，化解了尴尬。

不过说实话，戴上红领巾，瞬间我就觉得与身旁的"红领巾"融到了一起。戴红领巾的感觉真好，整个人显得活力四射，仿佛回到了快乐的童年时光，儿时光荣地加入少先队组织的画面历历在目，每天戴着红领巾去上学，在国旗下开启新的一天，在国旗下进行主题演讲，佩戴队干标志检查一日常规……在岁月的流逝中，我们的童年一去不复返，但我们可以每天与"红领巾"在一起，目睹他们的成长，参与他们快乐的嬉戏，难道我们不是天天都是童年、天天都有快乐吗？也许这就是学校大队辅导员的有心安排，好让我们这些个"大朋友"能够更加有感觉地走进主题队会。

随着"学习雷锋好榜样"的旋律响起，队会正式拉开帷幕，我也从回忆中走进现实。孩子们精神抖擞、训练有素，紧张有序地开展着相关活动。听着解说员关于雷锋同志的解说，我们和队员们一起重温了雷锋那影响了几代人的先进事迹，大家心中的雷锋精神更加清晰，更加透彻。小品以助人为乐为主题，在孩子们略显稚嫩却又真实的演绎中，生活中的"雷锋"活灵活现，让"雷锋精神"永驻心田。活泼有趣的三句半形式新颖地将"雷锋精神"融入其中，来源于生活，也讴歌着生活，表达着真挚的情感。《学习雷锋好榜样》歌舞表演，队员们边唱边舞，唱出心中的敬意，舞出身上的精神。呼号环节，孩子们刚劲有力的呼号更是将活动推向高潮，也将"雷锋精神"深深留在心中。整个活

动，我们早已不再是观众，而是队员中的一员，解说时我们倾
听，小品演出时我们鼓掌，三句半表演时我们欢呼，歌舞表演时
我们边唱边舞，呼号时我们不约而同起立与队员一起呼号，心中
总有一种说不出的激动，是回忆，是重温，还是激励？我不得而
知，只知道那个时刻我被一种精神引领着、召唤着。主持人宣布
队会结束，最后一个环节就是退旗，从大家的表情可以看出应该
都有一种沉浸其中还未回归现实的感觉。这是一次雷锋主题中队
会，更是一次雷锋精神重温路。

在其后的交流中，大家对能够参与这样的活动深表认同，在
教育孩子的同时，也让老师们再次受到滋养。我想，队会是一种
活动，是一种经历，是一种仪式，更是一种思想引领……我们不
仅要重视开展此项活动，更应将其抓好抓强，让少先队这样的一
个基层组织成为学校管理的坚强后盾。

（此文发表于 2016 年 3 月 28 日《滁州日报》）

怀揣教育梦，走好教育路

"长大后我就成了你……"这首歌唱出了对教师的敬仰，唱出了对教育的赞美。每当听到这首歌，我的内心就会油然而生对教师职业的无限憧憬。伴随着这首歌，一个青年不断成长，怀揣着对教育的梦想和一腔热血，走上了那神秘而令人向往的三尺讲台，从此就成了那千万分之一。

为了响应号召，为了改变家乡落后的教育现状，师范毕业那年，我毅然决然选择回到家乡，成为一名光荣的乡村教师。亲戚长辈的不解，同学朋友的不屑，都没能动摇我的决定。从那以后，每天上班，我都会早早地来到学校，迎接班上每一个孩子的到来，在互致问候以后开始忙碌的教育生活：带领孩子们打扫卫生、指导朗读、准备上课的教具、批改作业等；每天晚上放学，我总是在一声声叮嘱中目送每个孩子离开学校，然后再回到办公室精心准备第二天的教学内容；闲暇时我总是和孩子们一起游戏、一起玩耍，分享孩子们的快乐；课余，我总是给孩子们补学补差，和他们促膝谈心，倾听孩子们的心声……我的加入，给乡村学校带去了活力，带去了希望，也给孩子们带去了"知心朋友"。乡村学校一改往日的沉寂，每天充斥着欢声笑语。就这样日复一日，年复一年，我工作着、快乐着、幸福着，追逐着心中那一生的教育梦想。

为了孩子，为了教育，我牺牲了太多太多。可以说，我是全身心地投入到教育之中。我永远忘不了那一年，因为学校师资紧缺，我在连续教了三年毕业班之后，第四年又接上了。可就在那一年的春天，我的父亲不幸得了重病，我是家里的长子，理应陪着父亲住院看病。可我知道孩子们正面临毕业，学习不能耽误啊。于是，我将带父亲看病的重任交给年迈的母亲一人。虽然我时刻牵挂，虽然我心如刀割，但是我仍然坚守在三尺讲台上，因为我知道给了我生命的父亲也希望他的儿子不要因为他而丢下那几十个孩子，丢下心中的梦想。

很快，我将孩子们送入了考场，就马不停蹄地奔到父亲的病床前，端茶递药。看着病重的父亲，我心如刀绞，泪如泉涌。父亲却安慰我说："孩子，不要难过，朝着自己的梦想前进，不要沉浸在伤心之中，只要你能做出一番事业，就是对我最大的安慰。"勤劳善良的父亲最终未能战胜病魔，安详地闭上了双眼，离开了他喜欢的儿子。我伤心欲绝，要是能够多陪陪父亲那该多好啊！但子欲孝而亲不待，一切不能重来，我只能带着终生遗憾送父亲最后一程。每当我想起此事，内心总是充满无限愧疚。好在，班上孩子的语文成绩一个个好上加好，这也让我稍感欣慰。

从教十九个春秋，一路走来，有压力、有努力、有收获……我经历了从农村到县城、从普通老师到校长、从青年到中年的变化，时间在变、时代在变、社会在变、学生在变，但我的教育理想没变，我的教育追求没变，唯有一颗心矢志不渝地想把教育之路走好。这是一颗对教育的忠心，这是一颗对学生的爱心，这是一颗对社会的责任心，这更是一颗对党的红心……

上帝没有给我翅膀，但给了我一个有梦想的大脑。只有梦想的力量才能激发我内在的潜能，从而摆脱低俗和平庸，走向卓越和高雅。有梦想的人才是幸福的，有梦想的人生才是充满希望的。作为一名教育工作者，我的梦想就是每一个孩子都能够健康幸福地成长，为祖国的发展培养优秀人才，为中华的复兴打下坚实的基础。为了这个梦想，我会一直坚守，"而今迈步从头越"，"直挂云帆济沧海"！

朱自清曾经写过："我赤裸裸来到这世界，转眼间也将赤裸裸的回去罢？"作为教育人，我可以赤裸裸地来到这个世界，但决不可以赤裸裸地回去，决不可以白白走一遭。我要留下曾经的努力，留下曾经的思考，留下教育之路探索的痕迹，更要留下桃李满天下的芬芳……

（此文发表于 2016 年 7 月 19 日《滁州日报》）

孩子，让我们来一次秘密约定

　　新的学年又开始了，按照学校的分工惯例，带完毕业班的教师原则上是要下来从三年级或是四年级教起。师资及其他条件允许的学校一般都会大循环，也就是从一至六年级循环。小循环就是从一至三、四至六循环。而我校师资一直不太稳定，也有着历史遗留等问题，导致只能在部分教师间实行小循环。于是，我就又从四年级教起。

　　新接一个班，按照我的传统，首先得把每一位同学的情况摸他个八九不离十，以便做到"知己知彼"，方能"百战不殆"。实践证明，这样的方式在学生和班级的管理中还是行之有效的。在开学的第一节课，我边上课边观察，一位皮肤黝黑，但长相很机灵，扎着马尾辫的女孩进入我的视野。从她的眼神和表现来看，她是一个聪明、活泼的孩子；从她的举止和话语来看，她似乎隐藏着什么。没有确切的把握，我不能随便给一个孩子判断性的评价。但直觉告诉我，这个女孩有点意思，与众不同。一节课结束，没有什么实质性的"进展"，我也没有采取"行动"，以免"打草惊蛇"。

　　来到办公室，我就把我的看法和搭班老师谈了，没有想到，搭班老师也有同感。我们一边交流一边感叹现在的孩子与我们小时候那是截然不同了。现在的孩子神气活现的，而我们小时候是呆头呆脑的。正说着，办公室一位同事加入我们的谈话中来。他说，其实这个女孩在三年级的时候是他班上的，那可是出了名的调皮捣蛋，打人骂人，学习成绩差，家长也拿她没有办法。听同事这么说那个孩子，我心里也不是滋味，难道是我的眼力有问题，还是这位教师有偏见呢？当然，没有亲眼见到和证实，我既不能否定同事的看法，以免辜负了别人的好心提醒，又不能轻易地相信同事的说法，将孩子"一棍子打死"。这都不是一个有着二十多年班主任工作经验的我的所作所为。多少年来，无论在生活中，还是在教学中，我都秉承实事求是的态度，宁愿相信孩子一百次也绝不冤枉孩子一次。一百次的相信和等待可以给孩子以希望，但一次的冤枉有可能伤害到孩子，从而影响他一辈子。就像冰心所说："世界上没有一朵鲜花不美丽，没有一个孩子不可爱。因为每一个孩子都有一个丰富美好的内心世界，这是学生的潜能。"接下来，我还是要把答案交给我的眼睛和大脑去寻找，用我的眼睛去观察，用我的大脑去判断。

在随后的几天里，问题接踵而至。这位女生打了同座的同学，被对方家长找到学校来质问这是什么学生，把自己孩子打得身上青一块紫一块。乖乖，这还得了，同学又不是仇人，怎么能下如此的狠手呢？不可思议。我先安慰家长，让其带孩子先去医院看看，好在家长通情达理，理解老师的难处，理解教育的难处，也明白现在的孩子不好管。接下来，赶紧约见那位打人女生的家长，一问才得知家长长年累月在外打工，一年难得回来一次，孩子和奶奶一起生活。哦，原来是留守儿童，缺少父母的关爱，难怪这孩子养成了这么多不良习惯。现在把同学打伤，不管怎么说也得先买点东西去看看人家，礼多人不怪嘛。她的奶奶一听孙女打了人，一个劲地赔礼道歉，表示会尽快买东西去看看。

不能就这样算了，应该把孩子的情况告知她的奶奶，也许奶奶在家根本不知道孙女是怎么一个状况。我有责任让她知道，以便采取相应的教育方式。同时也好清楚地了解其在家里的真实表现，以便更好地教育和管理。经过商量，搭班老师决定和我一同前往。到了才知道，虽然是留守儿童，但家里条件不差，住在比较好的小区。她的奶奶热情地招呼我们，并和我们详细说了女孩的情况，主要原因是：父母在她一出生就将其丢给奶奶双双打工去了。一方面奶奶不识字，加上隔代教育的诸多弊端，导致孩子的教育和管理存在很多问题；另一方面就是孩子从懂事起，就受到其他孩子的嘲笑，说她是个没人要的孩子，她得不到父母的关爱，久而久之心理上就特别渴望别人的关注。不知从什么时候起，她就喜欢采用打闹等方式来引起别人的重视。原来是这样。这孩子倒是挺可怜的，这一切都是家庭关爱缺失所致。孩子是无辜的，作为父母生了她，就应该尽教育管理的责任和义务，怎么能将其抛给奶奶呢？家里条件还行，父母为什么不回来呢？奶奶告诉我们，一开始是因为家里穷得厉害不得不出去打工，后来条件好些了，父母却因习惯了外面的环境和生活，加上回来又找不到合适的工作，于是就一直未能回来。可孩子现在问题比较严重，再不帮助其改正将直接影响未来的成长和发展。

家访后，一方面我决定给予这个女孩更多的关心和帮助；另一方面，我决定打电话与其父母交流一下看法。在课余，我找到她，心平气和地与其谈心，没多久她就和我说开了，没想到孩子还挺健谈的。当问到她有什么爱好时，她显得异常兴奋，滔滔不绝地说着她喜欢唱歌等，看来突破口找到了。好啊，有爱好就能找到更多的朋友，就能让她树立信心，助其找回自信，也让她不再有时间去和同学打闹。有特长就用你特长，我让她负责班上各种节目的编排，一下子激起了她的兴趣，她简直兴奋极了，更表示她还会编曲呢。好家伙，你这么能干，吹牛吧？作为老师绝对不能伤害孩子的自尊心，顺势而为：那好呀，你这么能干，老师很为你高兴，也非常希望你能带动班上的同学。当然，老师也想欣赏你的编曲，赶快弄好后让老师一睹为快。老师还想和你来一次秘密约定，如果你编曲成功让同学们高兴并认可，我就让你当文娱委员，以后大家在这方面都听你的。听我这么一说，她得意得不行。另外，我打电话给其父母，告知他们孩子的现状，他们也感到非常吃惊，表示是他们的失职。知道就好，我说道："你们外出打工为了谁？还不是为了孩子，给孩子再多的钱，不如给孩子知识和成长。如今，孩子的发展到了关键的时候，如果错过了，可能对孩子来说是一辈子的伤害，对你们来说是一辈子的愧疚。你们至少要有一个人回来陪着孩子，以弥补对孩子的欠缺，给予她更多的关爱和帮助，父母才是孩子最贴心的老师和朋友呀！"听我这么一说，他们也觉得非常有道理，容他们商量后并做好安排就让一个人先回来陪孩子。值得欣慰，家长还是比较理智和配合的。我不禁叹道：孩子，你的幸福来了！

再后来，我发现她打闹少了，课堂上发言积极了，听课也认真多了。这是好兆头。找到突破口，找到兴奋点，加上我们的秘密约定，加上父母的关爱和帮助，我相信这个孩子一定会脱胎换骨，必将不会辜负老师和父母的一番苦心！

（此文写于 2017 年 9 月 15 日）

等待是师者必备的修为

师者，传道授业，教书育人。随着社会的发展，如今的好多学生已经不好管理和教育了。那些常见的教育教学方式方法也不再适用，对待那些不爱学习，总是心不在焉的孩子，我们要有耐心，要学会等待。记得，南京行知小学校长杨瑞清在给我们做报告时，给我们分享了一个"千瓣莲"的故事。很多年前的南京市一个高考落榜生——丁跃生，虽然是一个高考落榜生，但他却是一个生活中的有心人，生活的发现者，生活的缔造者。他创造了中国养莲花的一个奇迹。而一个偶然的机会，杨校长发现了这株千瓣莲，这株千瓣莲有一个特点，那就是它开得慢而迟，总是以含苞欲放的状态呈现在大家面前。但是它一旦开放那可是千瓣莲，可是独领风骚。只有了解它的人才能很好地欣赏它，才能看透本质，探得玄机。这就说明我们在欣赏时不能只看到它的外表，还应该有耐心去等待它的发展。

而在教育教学工作中，令我们头疼不已的所谓的"差生"和"问题生"，他们不正是具有像千瓣莲一样的特点吗？在学习上他们只是开窍得迟一些，但总有一天他们会醒悟而且成为有用之才。我们作为教育者又怎么能看不到这点呢？我们应该给予他们适当的时间和空间，逼得太紧有时会适得其反。在实际生活和学习中，我们教育工作者要学会耐心等待，善于发现那些所谓"差生"和"问题生"潜在的能力，就像欣赏千瓣莲一样来认真欣赏"差生"。

在我新接手的班上像这样的"差生"和"问题生"表现得就比较突出。自从知晓千瓣莲的故事，面对这样的学生我不再着急，不再苦恼。一个女孩子开学第一天就把同桌的男生打得青一块紫一块，被对方家长追到学校来质问我们的教育以及她的家教。搞得我非常难堪，也非常被动。开学第一天，好多事情要等着我去处理，千头万绪，却又遇到这样的事，搁任何人都要被气炸了。但一想到千瓣莲的故事，我就克制着内心的烦躁与气恼，平心静气地将事情处理好。并且我还和她来了一次秘密约定，以此来帮助她树立信心。没有想到的是，随后的几天里，这个女孩在改变，课堂上积极发言，还主动向我说到自己会作曲，好家伙，有这么大的本事，我借机夸赞一番。听到夸赞的她显然有些欣喜。从那以后，她不再打人，做作业也不再拖拉，而是认真学习，尤其是没事的时候总喜欢一个人琢磨作曲的事，看来她是找到让自己向上的点了。我定时加以关心和询问，既了解其思想动向，又给予适当的帮助。她像变了一个人似的。先不忙看她的成绩，她现在的变化就值得我一个师者去庆贺一番。

还有一位同学，无论在课堂上我们怎么开心地交流和谈笑，她总是表现得很冷漠，好像一切与她无关。这怎么可以？这样是无论如何也无法把语文学好的。作为一名语文老师，帮助学生唤醒对语文的兴趣是我的第一要务。通过和其他同学谈心知道，其实这位同学只是在课堂上表现冷漠，在课后与同学们相处时，就像有的同学所说的那样甚至可以用"疯狂"来形容。这就是个别学生患上的"两面性综合征"。我告诫自己不能着急，要给予孩子信心和时间。通过观察，我发现这个孩子的字写得很好，这是一个突破口。我尝试着对她说道："你的字写得真漂亮！你说对吗？"她说："对。""那老师夸奖过你吗？""没有。"她惜字如金。既然这样，我就狠狠地夸奖了她一番，夸得她都不好意思了。然后，我说道："你看，你的字写得这样漂亮，而且你的声音也很甜美，在班上能做到这样的没有几人，你应该很自信呀，为什么不肯说话呢？我敢保证，你大声说给他们听，他们一定会很吃惊的，也会对你刮目相看的。"她半信半疑地望着我，小心地点点头。不管怎么说，取得了开门红，等待，也许会给我一个惊喜。又到我的语文课了，我让全班齐读课文，我关注着那个女孩，只见她的嘴是动的，但有没有出声，我不得而知。当我疑惑时，她的同座非常兴奋地告诉我："老师，告诉你一个好消息，她读出声音了。"同座的兴奋以及同学们的惊讶，完全不亚于"发现新大陆"一般。如此看来，她是无声很久了，同学们已习惯于她的无声，面对突然出现的"好声音"，他们惊异不已。不仅他们反应强烈，说实话，我也很开心。我激起了一个孩子的发声欲望，激起了一个孩子的学习自信。这都源于对孩子的信任，对孩子的等待。

等待的魅力无穷尽也。就像一首歌唱的那样：哦——孤独的站台，哦——寂寞的等待。我的心在等待，永远在等待。唱得多好呀，要等待，要永远等待。作为一名师者，尤其是一名现代师者，面对那些有着这样或那样需求或问题的孩子，我们应该愿意等待，学会等待。那些在我们等待中成长的孩子们，就像一朵朵千瓣莲，必将大放光彩，独领风骚！

（此文写于 2017 年 11 月 9 日）

孩子，瞧你那小眼神

眼睛是心灵的窗户。其实这句话运用到教学中，也同样适用，而且妙不可言。说实话，一个人的所思所想、喜怒哀乐，从他的眼睛就能一览无余了。无论是听课，还是教学，我发现一个秘密：每个孩子的眼神都传递着丰富的信息。好学的孩子眼睛亮而有神，厌学的孩子眼神呆滞而游离。当然，自己教学时，对孩子的眼神观察不是那么仔细，而听课就不一样了，有足够的时间观察和发现。

那天，听了一节美妙的音乐课。相比语文和数学，学生对于音乐课的喜欢程度那是可想而知的。不仅是音乐课，而且又是公开课，全班孩子显得异常兴奋。执教老师带来的是一首儿童歌曲《我是小音乐家》。我有个习惯，那就是在听课过程中会不定时地扫视全班，好发现课堂上值得观察和记录的素材。今天也不例外。一开始，我就发现坐在离我不远的地方有个小女孩，她虽然高兴，但明显有些拘谨。什么情况？我决定将其确定为我的观察对象。

老师给大家带来了许多打击乐器，并邀请孩子们参加音乐会。哇，太美妙了，怎能不让人激动呢？就连我们听课老师都觉得很开心，很放松，何况是孩子呢？音乐会是一个个闯关游戏，更是将音乐课的趣味性表现得淋漓尽致。那个女孩呢，开始坐不住了。我试探性地问了她一句："开心吗？""开心。""喜欢上音乐课吗？""喜欢。"她决不多说一个字，就这样惜字如金地应付着我。为什么这样说呢？因为，在和我说话的过程中，她始终没看我一眼，眼睛一刻不离开老师。我分明看到她的眼睛在放光。为什么拘谨的孩子面对音乐会如此激动呢？音乐竟有如此的魔力！要是每一节课、每一门课都对学生具有如此大的吸引力，那将是一种什么样的美妙境界呢！

　　闯关音乐会继续进行着，孩子们也参与着、快乐着，听课老师们也记录着、享受着。美妙的旋律，欢快的节奏，幸福的表达，难道这不是一次快乐沐浴吗？闯关一次难于一次，幸福一次高于一次。身边的那个女孩呢？拘谨不再，脸上洋溢着笑容，眼睛里充满着幸福。有人说，课堂上要看孩子高高举起的小手，要看孩子大声的表达。我要说，课堂上我们更要关注孩子的眼神，因为眼神里透露着心灵，传递着心声。我不禁再次打扰了她一下，虽然我不应该这样做："你为什么这样高兴呢？""你说呢？你不高兴吗？"瞧这话回的，竟让我无语了。

　　闯关的最后一关，根据乐曲进行填词。这可太难了呀，我这样想着，但事实证明我错了，错得一塌糊涂，更小看了孩子的潜力。只见大家分小组飞快地思索着，尝试着，哼唱着。正应了那句话：人的潜力是无限的。而孩子的潜力更是无法想象的。那个小女孩，我看到了，看到了她正快乐地书写着，有模有样地哼唱着，不时还用手有节奏地打着节拍。好家伙，瞧你嘚瑟的。我来看看你写得怎么样，《好学生之歌》：

我是一个好学生

讲诚信　比奉献

讲友善　要团结

我是一个好学生

讲卫生　爱干净

讲文明　懂礼貌

　　真不赖呀！我又忍不住说："你怎么能写这么好呢？"这一次，她竟没理我。我看了她一眼，她眼睛里正透出幸福，竟有些"得意洋洋"了。我想她是沉浸在音乐中了……交流的时间到了，老师要选几位同学上台表演。她写得这样好，老师不知道有没有看到呢。我很替她着急，没想到她也很有些"迫不及待"，那双炯炯有神的眼睛直勾勾地看着老师，带着些许的期待。怎么办呢，要是老师不喊她，那她不就失去了这个绝好的机会吗？大家不就失去了一次欣赏的机会吗？当老师已经点了几位同学的名之后，我看到她的眼睛里流露出了些许失望。正当我与她一起失望时，老师点到她的名字了，她瞬间抬头看了看老师，也顺便看了看我，我朝她会意地笑了笑。我激动、兴奋，向老师投去感激的眼神。轮到她表演了，只见她大方地、美美地为大家演唱了她的作品，清脆而悦耳，美妙而动人，赢得了大家热烈的掌声。她笑得那样灿烂，那样甜美。我不禁想起蔡琴演唱的《你的眼神》：那是你的眼神，明亮又美丽。

　　谁说不是呢？孩子的眼睛就是他们心灵的窗户。作为师者，你关注到孩子的眼神了吗？短暂的课堂，抹不去的是那双灵动的眼睛。

（此文写于 2018 年 5 月 3 日）

锦旗里的故事

　　赠送锦旗是对别人的感谢和赞扬。经常看到新闻媒体上报道有人赠送锦旗，但对于教育人来说，接受锦旗，我鲜有听说。今天我要给大家说的就是发生在我身边的真实故事。

　　那天正好是周一，各种工作安排，诸事缠身，只见同办公室里分管政工的副校长接到门卫室打来的一个电话，说是有一位家长要进校给老师送锦旗。什么？锦旗？这个东西好像离我们很遥远，不来找麻烦就是好事了，怎么会有人送锦旗呢？既然门卫师傅打电话说人就在门卫室，看来不假。那就让他来吧。正忙着，没几分钟，一位女同志手捧锦旗兴冲冲地站到了门外。我赶紧将她请进来坐下。是何缘故要送锦旗呢？只见她绘声绘色地给我们描述：他们夫妻一直在外打工，现在孩子大了决定回到当地工作。孩子刚回来一切还不太熟悉，不太适应，出现种种不和谐的情况，开始有点孤僻、任性，更出现了排斥学习的现象。家长为此伤透了脑筋，想了很多办法也没有改变孩子的状况。就在他们一筹莫展的时候，孩子遇到了现在的顾老师。不知什么缘故，一段时间下来，孩子变得活泼起来、开朗起来，回到家里也能够主动说话了，能够将学校和班级发生的事与父母交流。这太出乎意料了，在高兴之余，他们也非常奇怪是什么力量让孩子短时间有了这么大的变化。

他们想探个究竟，和孩子深入交流得知，孩子每次提到的都是顾老师，看来顾老师是孩子改变的源头。顾老师何许人也？是孩子的语文老师。她不仅上课内容丰富、生动，而且每节课都会给孩子们讲故事。正是这些动听的故事让顾老师的课堂精彩纷呈、妙趣横生，也让孩子喜欢顾老师，喜欢语文课。孩子的巨变让父母开心不已，也让整个家庭充满欢声笑语。夫妻俩一合计，这样的好老师值得称赞，该用什么样的方式表达心意呢？想来想去，他们俩决定采用赠送锦旗的方式来表达对顾老师的敬意。

这个故事让我们知道，作为一名老师，会讲故事对孩子有多大的吸引力，尤其是低年级的孩子。她改变孩子的状况，甚至可能影响了孩子的一生。不禁让我想到刘绍棠的一篇文章《师恩难忘》，文中写到的那个田老师就是一个会讲故事的老师。田老师每讲一课，都要编一个引人入胜的故事。那些故事有如春雨点点，滋润着每一个学生。也正是那些故事，在作者那幼小的心田里播下文学的种子。想来，一个个动人的故事，一个个优秀的老师对孩子们的成长是多么的重要。

望着眼前那鲜艳的锦旗，我在想，这仅仅是一面锦旗吗？不，绝对不是。它正在向我们传递一个信号——作为一名老师，只有成为学生信赖的老师、喜欢的老师，才能更好地引领孩子成长。做一个会讲故事的老师是一个良方。

（此文写于 2018 年 5 月 22 日）

退一步海阔天空

学校教学楼前有 6 株茶花，甚是美丽，尤其是花开时节，更是成了校园里一道亮丽的风景线。但没过多久，花就开始掉落，叶子也开始变蔫。花期还早呢，为什么就蔫了呢？问了一直喜欢养花而且颇有点"研究"的总务主任方知，原来茶花喜阴不喜阳，在教学楼前阳光直射，给了她们致命的"打击"。经过一番商讨之后，我们决定为其找一处既能展示她们风采，又能避免受到阳光伤害的区域。仔细考量，最后大家一致同意将她们请到西大门口，一段时间后，我们发现 6 "姐妹"逐渐缓过神了，重获生机，绿意盎然。我们心生欢喜。一个简单的移动，一次小小的改变就能给予花草"二次生命"，这就不是简单而渺小的行为，而是一次伟大的生命之旅。

但就是这样一个有意义之举，却有人不明白，甚至说三道四。有一位说："花哪能栽在这儿呢？得不到阳光。"她哪里知道，此花就是喜欢阴呢。还有一位说："这花摆这儿多丑呀！"丑吗？从何说起呢？是说摆这个位置丑呢，还是花移到这儿就丑了呢？抑或是我们的举动丑了呢？位置是校门口，既增添生气，又让花得到展示，何丑之有？花还是那个花，怎么就丑了呢？再说我们的举动原本就是拯救她们，丑又在何处？现在是满树花朵，绿叶葱茏，翠色欲滴，赏心悦目！看到如今茶花的生长态势，他们还会说三道四吗？

生活中，有些事单从表面或是短时间内是无法判断对错的。只有经过细心观察、耐心等待方能更加深入了解。比如，人与人因小事产生不愉快，稍微退让一步，就会化解矛盾；行车时，稍微退让一步就会避免事故，保障安全。

大家还记得六尺巷的故事吗：清康熙年间，张英担任文华殿大学士兼礼部尚书。他老家桐城的官邸与吴家为邻，两家院落之间有条巷子，供双方出入使用。后来吴家要建新房，想占这条路，张家人不同意。双方争执不下，将官司打到当地县衙。县官考虑到两家人都是名门望族，不敢轻易下判。

这时，张家人一气之下写封加急信送给张英，要求他出面解决。张英看了信后，认为应该礼让，他在给家里的回信中写了四句话：千里来书只为墙，让他三尺又何妨？万里长城今犹在，不见当年秦始皇。家人阅罢，明白其中含义，主动让出三尺空地。吴家见状，深受感动，也主动让出三尺房基地，"六尺巷"由此得名。六尺巷的故事让我们明白人与人之间要和谐相处，要以博大的胸怀面对一切，更要提升自己的品德修养。惠人惠己，伤人必伤己。

换到我们的教学上来说，退一步也可以称之为等待，等待学生的成长，更是等待教育的后劲。十个手指伸出有长短，我们怎么能奢望每个孩子都一样呢？其实，每一个人都是这个世界的一朵花、一首诗、一个音符，都有自己存在的价值和空间。三百六十行，行行出状元。各尽其才，各有分工。作为教育人，我们希望的是成人成才，成人与成才同样重要。记得我写过一篇关于千瓣莲的文章，生活中千瓣莲是不易开放的，但一旦开放便叫人叹为观止，怎一个美字了得。愿每一个人都能以博大的胸怀、真诚的情感，将爱之链很好地连成没有缝隙的串。

（此文写于 2019 年 4 月 29 日）

快乐手球　与你同行

　　我校作为一个手球特色学校，每年组织一次校园手球联赛是必要的工作和功课。今年的手球联赛早就提上了议事日程，但因一些活动以及应急工作，导致手球联赛一拖再拖。其实在工作中，这样的情况也属正常。思前想后，最后大家一致同意在时间的夹缝中将校园手球联赛组织好。在校长室、教导处、体育组及全体师生的共同努力下，方案出台，任务分解，各班组队，制定秩序册，全椒县古城小学 2019 年第八届校园手球联赛顺利开幕。

　　天公作美，比赛当天天气宜人、温度适中，正是比赛的好天气。"出师大捷"，大家都很高兴。说实话，手球联赛是举行了，但由于时间紧，效果如何，我们还真没底。比赛正式开始，运动员上场，场外各班啦啦队就位。首先比赛的是一二年级，他们年龄小，采用的是趣味拍球和射门比赛。别看他们小，在场上可是有模有样。他们沉浸在比赛中，奋力拼搏，都铆足了劲儿带着手球一起运动。中高年级的孩子们就是一对一的较量了，他们有了自己的想法、自己的战术，或拼抢，或断球，或射门，场面激烈而有序，紧张而快乐。场上，不时传出各班啦啦队卖力的呐喊声和喝彩声，整个校园充满无限的活力和生机。场上的队员小心应对，进攻或防守，场下的孩子凝神注视，担心或助威。这样的场景，这样的效果，出乎意料。正是这样的比赛增强了各个班级孩子们的拼搏精神、竞争意识，更增强了他们的集体主义感。正是这样的比赛提升了学校的活力，提升了运动的乐趣。也正是这样的比赛推广了手球运动。

孩子们就应该在活动中发展，在运动中成长。很多时候，大家都认为开展活动会影响到教师的教学，影响到学生的学习。而实际操作中，我们发现活动的科学开展，将有力促进学生的发展、教师的成长。一次有意义的活动，就是一次检验，检验同学们平时运动的成果，检验班级的组织能力，检验学校的谋划水准；也同样是一次展示，展示学生的运动风采，展示班级的组织能力，展示学校的管理水平。在活动中展示风采，在活动中提升能力，在活动中促进团结，在活动中发现问题，在活动中看清不足，在活动中找准方向。以活动促进训练，以活动促进宣传，如此一来，手球运动自然而然地也就深入人心了。

其实，何止手球运动是这样，学校的各种活动都可以常态化，润物无声。

（此文写于 2019 年 5 月 16 日）

小手球尽显大风采

——全椒县古城小学喜获 2019 年安徽省手球比赛一等奖有感

魅力七月，美丽合肥。2019 年 7 月，全省几十支手球队伍齐聚省城合肥，共磋技艺，共话发展。作为全国手球传统校、手球特色学校——全椒县古城小学理所当然组队参赛。此次活动，云集了全省的手球强校，竞争也就显得异常激烈。无论结果如何，我们因手球相聚，因手球相识，因手球相融，这才是最重要的。

在去的路上，孩子们显得有些兴奋，也憧憬着比赛的结果。从小县城到省城参赛，孩子们的激动是能够理解的。何止是孩子，就连我们这些带队的老师又何尝不在憧憬和期待？毕竟，孩子们的成长与发展就是我们的职责和使命。

报到入住，一支支队伍活力四射，队员们神采飞扬，着实让我们的孩子们感受到了压力，正所谓"来者不善，善者不来"嘛！我看出了孩子们的心思，赶忙开导打气：孩子们，要相信自己，不能被表象所蒙蔽和吓倒，相信自己是最棒的。当然，比赛更主要的目的是让大家开阔眼界，得到锻炼、得到提升。

赛场上，孩子们为荣誉而战，为集体而战。他们认真对待每一场比赛，认真对待每一支球队。他们拼抢着每一个球，创造着每一次射门。拼抢难免有对抗，有碰撞，有摔倒，他们不叫、不哭、不馁，即便流泪也照样激情飞扬在赛场，让我们好生心疼，好生不舍，好生佩服。看着他们拼搏，我们欣喜万分；看着他们摔倒，我们眼含泪水；看着他们落泪，我们大声鼓励！每一场比赛都凝聚着孩子们的汗水与努力，也见证着他们的成长和进步。他们胜利了，我们鼓掌、欢呼；他们失利了，我们安慰、打气！每一个激动人心的时刻都见证着浓浓的师生情、深深的兄弟情。

比赛让孩子们学会拼搏，每一个球都要努力去拼抢，每一次防守进攻都要拼尽全力；比赛让孩子们学会团结，团结才会有力量，传球、防守、进攻，大家都要完美配合；比赛让孩子们学会互助，赛场上互相帮助，换防、盯防，把机会留给队友；比赛让孩子们学会包容，他们来自不同的家庭，不同的年级，不同的班级，总会存在着这样那样的问题，要相互理解；比赛让孩子们学会感恩，对同学的帮助、老师的教导、对手的交流、组织者的组织等心怀感激。

其实，比赛就是一种锻炼，一种提升；也是一种竞技，一种交流；更是一种体验，一种记忆。通过比赛，增强了他们的体质，丰富了他们的经历，磨炼了他们的意志，开阔了他们的眼界，激发了他们的斗志，更塑造了他们的品性。

小手球，大风采。手球运动，让孩子们为人生积累，积品质，积素养；让孩子们为人生奠基，奠健康，奠自信；让孩子们为人生铺路，铺拼搏，铺幸福。

青春无限，手球飞舞！

（此文写于 2019 年 7 月 11 日）

Chapter 2

做爱阅读的老师

阅读改变人生

——读《有价值的人生从有价值的阅读开始》有感

俗话说得好：好的事物人皆爱之。看到朱永新教授的博文瞬间被其吸引，被其感染，惊异于他犀利的表达，惊异于他精妙绝伦的观点，惊异于他对教育执着的热爱。

《有价值的人生从有价值的阅读开始》更是精辟得让我无以言表，只能阅读，吸纳，消化。其中缘由，我想待你读完这篇文章之后，就会知晓。

一个国家未来的命运，最终取决于国民整体素质的提高，而素质的核心是价值观。朱教授表示：价值观就像方向盘，方向正确，只要不断行走，距离目标就会越来越近；反之则会南辕北辙。这就告诉我们，一个人的成长，决定因素不是分数，而是品德、品格。正像习近平总书记曾经说的，以德为先。有德有才是精品；有德无才是次品；无德无才是废品；无德有才是危险品。更是道出了价值观的重要性。

而价值观的培养取决于阅读。朱教授依然语出惊人：一个人的精神发育史，就是他的阅读史。一个民族的精神境界取决于这个民族的阅读水平。这就向我们指明了阅读的重要性和必要性。在这个价值多元、精彩纷呈的时代，读什么、怎么读又将成为横在我们面前的"拦路虎"。朱教授称，就该把最美好的东西给予最美丽的童年。这也就向我们传递了这些信息：一、阅读的最佳时期应是青少年；二、要为青少年精心挑选经典的有价值的优秀作品。通过经典名著的滋养，以促进青少年一代沿着"爱学习、爱劳动、爱祖国"的价值标准，成长为"诚信、自信、自立、自强"的新时期的接班人。

作为一名教育人，我们有责任、有义务为孩子们的阅读做出指导，要引导孩子们摒弃庸俗化、功利化的阅读。诚然，我们很清楚，兴趣是阅读的基石，如何激发阅读的兴趣值得思考，值得探讨。

一、为学生选择适合的、经典的著作，指明方向。

通过调查问卷，发现我们现在的校园里，孩子们的阅读呈现出快餐化、功利化的趋势，导致校园缺乏"书卷气"，缺乏"翰墨香"。

阅读从选书开始。一要有量的覆盖，包括名著、绘本、科普书、数字杂志等。二要有质的引领，贴近儿童、吸引儿童。

唯有真正适合的经典好书，才能打开儿童的视野，激发儿童的兴趣，从而让儿童走进阅读的殿堂。

二、为学生找到充足的时间，保障阅读。

阅读是一件需要时间的事。教师要教会学生挤出时间，从早晨、中午到晚上，都要想方设法安排适当的时间以保证阅读的进行，也可以开设专门的阅读课。当然，这就需要教师与学校能够切实可行地为孩子们减负，让他们有时间去走近阅读、走进阅读、享受阅读。

三、为学生开展丰富多彩的阅读活动，激发兴趣。

兴趣是最好的老师。丰富多彩的活动是激发学生阅读兴趣的钥匙。可以开展"班级读书会""读书课""亲子阅读"以及

"校园读书节"等活动，让学生积极地参与、快乐地阅读、幸福地成长。适合的才是最好的，为学生量身定制的活动，定会"电"起他们身上的每一个"阅读细胞"。

遇到能够打动自己的书，我们一定会思绪万千、激情澎湃。曹文轩说，任何时候，任何地方，只要不将书本丢掉，一切就都不会丢掉。我想，也可以说，有了阅读就有了一切，有了阅读就有了精彩人生。阅读改变人生。就让我们为每一位孩子指明读书的方向，保障充足的时间，激发高涨的热情，在无边的书海中自由遨游，在芳香四溢的文字间品尝墨香……

（此文写于 2015 年 2 月 12 日）

常记"一杯水"的使命

——读《一杯水的教育》有感

　　放假已有半月之久，除去几天被抽去批阅试卷，其余时间都被无聊或琐碎之事占有，让我好生无奈和焦急。无奈是因我无法改变教师被琐事缠身的现状；焦急是因我作为学校第一个课题的组长，信誓旦旦地要和组员们同阅读同成长，却总被耽误。

　　今天下午，好不容易能够忙里偷闲，于是在手边没有图书的情况下，我随手拿起了《教育文汇》2014 年第 3 期。说实话，无论出于什么目的，现在的我已经喜欢上阅读，每天都有一种欲罢不能的感觉，不读点什么心里就觉得空空的，我想这也能算作一个教育人的幸事。认真细读，畅游于那一行行、一页页的铅字之间，心情开始平静、开始舒畅。其中一篇是六安市第九中学霍朝晖老师的《一杯水的教育》，着实让我感动。

　　文中描述，在一年寒冷的冬天，为了解决班上同学的喝水问题，在大家讨论无果的情况下，霍老师毅然做了一个大胆而惊人的决定：班上所有同学的喝水问题由他一个人来承担。我的心一下为之所动。也许有人不以为意，我们姑且不谈此举的难度，就只来谈谈坚持，要知道霍老师这样一直坚持了三年，三年，1000多个日日夜夜，何等的有毅力，是霍老师心中那份对学生无私的大爱给他的力量。就是这无形的影响给学生送上了最好的教育，以至学生们可能在几十年之后依然能够对霍老师的水铭记于心，更会以老师为榜样，过好自己人生的每一天。难道你还会对此不以为然吗？

霍老师在最后的表述更是让我感动不已：一瓶水，赋予教育、教师、学生多少值得回味、感悟的东西！是啊，这仅仅就是一杯水吗？不，这绝不仅仅是一杯水，它是一种责任，一种大爱，一种精神，一种教育人的使命。

如今，宣传常见伟大而轰轰烈烈的故事，其传递正能量是对的，是值得赞赏的，但这样的故事到底有多少入脑入心的影响呢？我想我们倒不如做好自己的本职工作，做好、做实自己生活和工作中每一件像"一杯水"一样的小事，积小成大。正是这些看似不起眼的小事，让人感到亲切、自然、感动，给人带去温暖，带去关爱，带去幸福。

愿天下所有的教育人都能够正视小事，从小事做起，都能够拥有"人之子女，我之子女"的思悟，都能够及时送出自己那"一杯水"的关爱！

（此文发表于 2015 年 3 月 23 日《滁州日报》）

教会孩子"阅读"心灵

如今，阅读早已悄然来到我们中间，成了很多人充实生活的一种方式。学校作为一个教书育人的地方，很显然不能缺少阅读这只育人之手。所以时下很多学校都在打造书香校园，我们学校当然也不能落后，必须加入其中。伴随着书香校园的打造，我校还积极申报了阅读课题，尝试去发现新媒体对于阅读的重要意义。作为课题组负责人，除了正常开展活动外，我还兼任几节信息课，以此来带领孩子们进行网络阅读。很长时间以来，我发现孩子们的兴趣高涨，尤其是轮到上这个阅读课时更是兴奋不已，让我感到好不得意。这是我们课题研究的成功之处，也是学校打造书香校园的成果所在，怎能不让人高兴呢？

可是最近，在高兴之余，我发现了一个奇怪的现象，孩子们每每上阅读课时除了兴奋依旧之外，竟然出现了争抢座位的自私行为。有一个班竟然有多个孩子找不到座位，因为学生多电脑少，有的必须两个人一台电脑，原本很好解决的问题，在一起使用电脑又何妨？他们不这样认为，而是"疯狂"地抢座位。难道没有座位的孩子就那样站着上课？这样的事让我好不难过。阅读应该陶冶人的情操，净化人的心灵，提升人的素养，难道孩子们阅读了那么多名著，那么多感人的故事，那么多励志的故事，就没有一丁点儿的入心入脑吗？缘何会为了一个座位去争抢，丝毫不顾及同学之间的友谊，不顾及兄弟姐妹之间的情分？连续几次都出现这样的情况，我大发雷霆，火气冲天，孩子们一下子被我这一阵势吓到了。整个多媒体教室静得出奇。

但生气不能解决问题，我冷静下来。我们不是在弄阅读吗？我们光读文字，光看视频，光听语音，行吗？实践证明，肯定不行。怎么办？为何不能教会孩子们去阅读心灵呢？我得引导他们。我顿了顿，提高音量说道："你们都坐着，想过旁边的这几个兄弟姐妹该怎么办吗？就让他们站着吗？你们忍心吗？"他们无动于衷，我从先贤到革命先烈，从远古到现代，再一次一阵"狂轰滥炸"，本以为他们会有所"动作"，但他们好像"陷得很深"，一切还是"涛声依旧"。不急，急不来，育人是一个"慢"活，得像小河流水缓缓流淌。我又开口道："好啊，没反应，那下面大家在纸上写一写对刚才的事有什么体会，觉得自己应该怎么做，应该怎么对待同学，对待兄弟姐妹。"哗啦啦，大家都拿出纸和笔开始忙活起来，时间就这样流逝着，心灵之"战"依然紧张。看来心灵这本"书"不好读啊！我不禁感慨万分。但我是教育人，不达目的不罢休。就在我"无计可施"之时，一个可爱的身影缓缓地站了起来：我觉得我们不应该自私，不应该让同学站着，我们以后要学会分享。也许，没有人能够体会我当时那比吃了蜜还要甜的心情。他在我最为无助之时竟伸出"援手"拉了我一把，我怎能不感动呢？稍许的激动之后，我大加夸赞他，顺势说道："那你现在应该怎么做？"他走到那些同学面前开始邀请他们去坐自己的座位。心灵这本书终于有人读懂了。唉，我松了一口气，努力没有白费，只要有突破口，就会有一连串的收获与成功。

虽然他们让我难受过，让我失望过，但他们今天又让我感动。我们在教给孩子知识和技能的同时，更应关注孩子的心灵。我正在带领孩子们阅读，教会孩子们很多种阅读方法。今天我又发现了一种必须传授的阅读方法，那就是"阅读心灵之法"。拥有了这种方法，就会让孩子们不断汲取心灵营养，幸福成长！

（此文发表于 2015 年 11 月 16 日《滁州日报》）

爱在墨香

十年弹指一挥间。十年，三千多个日夜，时间流逝，流不尽的是情，流不尽的是爱。是《安徽青年报·教育周刊》陪伴我走过那失落的岁月，走过那失眠的深夜，也是它陪伴我度过那些收获快乐的时刻……十年间，我阅读着铅字，欣赏着真情，品尝着墨香，收获着幸福……

教育人不能没有阅读，不能没有思考，尤其作为一个年轻的教育人，更需要不断给自己充电，汲取营养。在众多的教育报刊中，我对《安徽青年报·教育周刊》情有独钟。刚进入教育队伍，因现实与自己曾经的理想差距甚远，有那么一段时间，我迷惘过，失落过。说实话，对于小学教育，我自身的素养还是挺过硬的。慈爱的老校长看在眼里，疼在心里，他怎能看着这样一个优秀人才走向沉沦呢？这是一位长者对后辈的关心，是一位教育人对教育的负责，他总在想方设法开导我、帮助我。既然选择了就不后悔，还要做出成绩。这样的认识几乎成了我日后的座右铭，照亮我前进的方向，引领我成长。

回过头来，我发现要想崭露头角，就要加强"营养"，否则就会"发育不良"。像是看出了我的问题，老校长向我推荐了学校征订的《安徽青年报·教育周刊》。抱着试试看的态度，我手捧着它，慢慢走近、走进它。"教育时评"让我第一时间掌握很多教育资讯，使我成了学校的"小喇叭"，为同事尤其是老同志们带去新信息；"关注"让我了解那些兄弟学校的先进做法，为我们所借鉴；"教育论坛"让我了解目前值得关注的话题和做法，为自己带去教育思考；"教改前沿"让我了解最前沿的教育之法，为课堂教学提供引领，让我少走很多弯路；"教育管理"让我认识掌握了很多经典的管理之法，为走上教育管理道路打下坚实的基础；"教育科研"更是让我欣赏到来自更广范围内教育行家里手的无数课堂教学的奇思妙想、优秀案例等，促进我在教育之路上不断成熟……可以说我是一日不能没有它，看不到它，我就会感到失落，就会感到空虚……为了时刻拥有，我总是将它置于我伸手可及之处。学校的办公桌边，家里的床头，都留着《安徽青年报·教育周刊》的味道。白天我捧它而坐，晚上我枕它而眠。

有了它的滋养和引领，在教育路上，我不再迷惘，不再失落，更有诸多收获。受了它的"诱惑"，我也有了将自己的点滴感受变成铅字的冲动和欲望。从2008年开始，我动笔小"酌"，也偶有发表。但始终不能得到它的认可，让我对自己产生了怀疑。直到2010年，我的一篇有关学校教育活动的小通讯在《安徽青年报·教育周刊》上出现，燃起了我内心的火焰。虽然只有几十个字，却让我看到了希望，看到了自己的努力没有白费，终于得到了"回报"。如今，我的教学论文、随笔陆续得以在《安徽青年报·教育周刊》上展示，我的教育路有了些许的成果。

十年的相伴，十年的厮守，我们不再分开，我们不能分开。如今，我已走上分管业务的岗位，但我还是与它同行。我想再来二十年、三十年、四十年，无论它"打扮"成什么样儿，我都将"死心塌地"地与它终生相伴！

（此文发表于 2015 年 12 月 30 日《安徽青年报》）

阅读让我们家"三足鼎立"

　　不知道什么时候开始，在我们家里竟然形成了"三足鼎立"的格局。说来，也许大家会觉得我是乱写。其实，自从2008年我走上"创作"之路以来，我的文字都以真诚相见，鲜见虚假。还是请大家听我一说。

　　自古就有这样的认识：言传不如身教。随着女儿的出生，家里增添欢乐之余，因她渐大入学而引起了我们"不小"的"恐慌"和"担忧"。所有这些都是因为不知她将来会怎样。加之，我们夫妻二人同为师者，也就不免有那种来自"虚荣心"的狭隘认识，觉得自己的孩子应该要如何如何，要怎样怎样，要不然别人会笑话，会为师者职业蒙上阴影。这样一说，肯定会招来很多人的"耻笑"——谁说老师的孩子就应该比别的孩子高一等？谁说老师的孩子就必须比别的孩子高一等？同时，也会引来很多教育界同行的鄙视——我们这是典型的将自己没有实现的愿望强加于孩子的身上……不管怎么说，现实生活中，我们还是这么想的、这么做的。于是，我就用阅读陪伴女儿成长。我是想用自己的行为去影响孩子，带动孩子。即使当初的想法很幼稚，但事实还是带给了我惊喜，带给了我回报。也许是机缘巧合，也许是孩子努力，也许是父亲的榜样作用，女儿竟真的喜欢上了阅读。你说我能不开心、能不激动？还有就是，毕业十多年都很少看书的我，竟也喜欢上阅读了。

也许，又有人质疑，喜欢阅读就一定行吗？这不假，阅读只是学习的一条路径，孩子要走的路、要掌握的法还很多。但不管怎么样，先入一条再说吧。学习和育人是一个道理，要一步一个脚印，不可能一口吃成个胖子呀！从牙牙学语时的儿歌，到幼儿时的三字经，再到学龄时的唐诗宋词，现如今就到了儿童文学了……女儿不断成长，不断进步。阅读也许和考试成绩不成正比，但女儿的表现说明阅读对于语文成绩来说还是有很大帮助的，尤其是在作文方面。女儿小小年纪作文写得有模有样，已有十来篇文章变成铅字见报了呢。这些都是阅读的功劳呀！如今，只要与女儿在一起，我们谈论最多的就是书本上的知识和故事，她俨然已经走上阅读之路了。

这还不够，家里还有一位成员——妻子，可不能丢下她呀！她呀，没有多少业余爱好，除了喜欢逛街之外，其余时间都是窝在家里。大家都知道，我们教育人最怕的就是要花钱，底子薄呀！妻也是一名教育人，这样一来两个"穷鬼"合在一起，哪能有事没事就去逛街呢？那还不成了"月光族"？不行，出于"私心"，还是将其引上阅读之路吧，既省钱又长知识，还增加共同语言，真可谓一举三得了。刚开始，妻很是抵触——你自己读也就罢了，还偏要我读，我一个数学老师读那么多文字干什么？看似说得有理，其实差得远了——谁说数学老师就不要读书了？正所谓"学高为师"。我得转变她的思想，一天不行，两天，两天不行，三天，反正，我是三天两头地在其耳边吹"阅读之风"。时不时，在她的面前"卖弄"一些刚读的美文、经典等，再加上我鼓动女儿站在我这边一起"吹风"，妻在我们强有力的"诱导"

下，"心理防线"终于开始松动。这就说明有戏。你想呀，好的事情在坚持之后必定就有好的结果。一开始，推荐她读一些数学小美文，有意思；接下来，推荐她读数学鉴赏，有品位；再接下来，推荐她读文学书籍，有深度……妻已嚼出文味，开始上路。有了阅读之后，妻明显减少了逛街的次数，家里的"财政支出"压缩了，我心里好不得意。其实最让我得意的应该是终于将妻带上了阅读之路。可喜的是，几年下来，妻已有二十多篇文章在《滁州日报》等报刊发表。

如今，在我们家里，我的阅读之路不再孤单，有心灵相通的妻，有可交流倾听的女。该说说我这个重量级的"选手"了：自从女儿出生带给我无限的惊喜之后，我走上了阅读之路，也走上了写作之路，我收获了家庭的欢乐，收获了文学的素养，收获了妻女的同赏，收获了心灵的慰藉……我每天必读、必写，不能发表，自己欣赏……

看到这些，女儿和妻子又要"封"我的口了，说我自夸。不是自夸，只是一吐心声罢了。阅读让我们一家三口快乐着、交流着、收获着，也"比赛着"，我们家"三足鼎立"的格局正悄然形成！

（此文发表于 2016 年 2 月 22 日《滁州日报》）

"捆绑阅读"

  随着全民阅读活动的不断深入，全社会已然掀起阅读的热潮。作为教育的重要基地——学校，开展阅读活动已常态化、制度化。但基于种种复杂因素，孩子们的阅读热情不够高，阅读品质不够高。作为一名语文老师，我始终保持着阅读的习惯，虽说未能取得多少成果，但终归走在阅读路上，收获了成长，提升了素养。新接手的六年级，同学们偶有阅读的现象，但兴趣不浓，习惯不好，品味不高，着实让我担心良久。怎么办？我责无旁贷，决定将自己与全班孩子来一次"捆绑阅读"，建立班级阅读共同体——听起来有点"高大上"，说白了就是师生共同阅读，共同成长。

  言传不如身教。对学生说无数阅读的好处，我想未必有用。但只要你手捧一本书，与孩子们一起阅读，效果就好多了。最近，我们共同阅读了课外读本《百年追梦，全面小康》。除了每天布置几页阅读任务之外，我们还会有固定的阅读时间，师生同坐教室一起阅读。刚开始，孩子们不是忘了，就是坐不住，总会出现一些小状况。对此，我不着急，不指责，而是耐心提醒。时间一长，或是受我的影响，或是享受到阅读的快乐，孩子们不再交头接耳，不再左顾右盼。

阅读中，我们驰骋于字里行间，目睹着新时代的发展，见证着中国的成长……我们基于中国梦构建着人生梦想，基于实现全面小康践行着个体努力，人人都有实现梦想的自由。我们憧憬着中国梦，呼唤着中国梦，期待着中国梦，更享受着中国梦。

携梦同行，携梦发展，携梦成长。伴随着中国梦，同学们的阅读习惯悄然形成，班级的阅读氛围渐渐浓厚。在约定的时间里，总能看到孩子们手捧书本有模有样地读着，不时露出会心的笑容。

"师生本是同林鸟"，一损俱损，一荣俱荣。俗话说得好呀，得民心者得天下，那么，得"生心"者得"教育"。阅读既提升了我，又帮助学生成长，怎一个妙字了得？

（此文发表于 2017 年 5 月 15 日《滁州日报》）

新媒体让学生"任性"阅读

要想让学生很好地走进阅读，兴趣是最好的催化剂。

以往，我们通过传统的纸质载体来阅读，对于现在的孩子来说，显得形式单一，难以吸引他们的眼球。而伴随着科学技术的发展和进步，很多新媒体应运而生，如数字杂志、数字报纸、数字广播、移动电视、微信公众平台等。新媒体也很快被应用到阅读领域，赋予了阅读更多更广的含义，现在的阅读可以用耳朵听，可以用眼睛看……新颖的形式、丰富的内容、活泼的画面更好地迎合了当今孩子的审美需求和情感体验。

在学校，老师要充分利用班班通设备、网络等新媒体手段丰富学生阅读的形式，激发孩子们阅读的兴趣，引导学生进行阅读。同时要清晰地认识到新媒体是工具而不是玩具，是途径而不是目的，要科学合理地利用新媒体来促进阅读。当然，老师也要帮助孩子们建立纸质阅读和新媒体阅读相结合的新时代阅读模式，从而让学生幸福、"任性"地驰骋在知识海洋之中。

（此文发表于 2015 年 5 月 6 日《安徽青年报》）

Chapter 3

做会思考的老师

淮北之行

很幸运，接到了教研室的通知，我被派到本省淮北市参加第十二届全国小学语文名师课堂教学观摩研讨会。此次研讨会汇集了全国著名教育专家于永正等教育名师于一堂，对于我来说是不可多得的学习提高的机会。我心里别提有多高兴了。出发当天，虽然天公不作美下起了雨，但丝毫没有影响我激动的心情。

我们一行十二人乘坐一辆面包车，高高兴兴地出发了。一路上，我思绪万千，听专家上课，我还是小媳妇上轿——头一回。我想象着那该是个什么样的场面。来到住地，报到之后，我就期盼时间过得快一些，好不容易挨过一夜，第二天，天微亮我就起床做好了准备。

到了会场，哇，来自各地的老师，黑压压一片，整个会场被挤得水泄不通。于永正老师娓娓道来，自然、生动。王崧舟老师的课让人思绪万千，心潮澎湃，令人陶醉！他那富有磁性的嗓音，优美动听的朗读，征服了观众。几天的研讨会，每场都是掌声雷动。真是不虚此行呀！

好的体验，让人觉得时间总是过得那么快。几天的研讨会就这样结束了，我意犹未尽。我深深感到自己的不足，和优秀教师差距甚远。让我感受最深的就是一个字——爱。这些专家的教学都充分体现了他们对工作的热爱和对学生的关爱。是爱让他们对工作充满动力，是爱使得他们的课堂充满灵性，吸引着那些可爱的孩子，让我们感受到他们的课堂总是那么和谐生动，轻松愉悦。这些是我们都没有做到的，也是让我们很多人感到惭愧的。此行让我明白，作为一个师者，特别是新时期的老师，不仅要有渊博的知识，满足学生求知的需要，还要拥有一颗爱心，以满足孩子们身心成长的需要。从而让我们的课堂更加生动，更加多彩。

（此文写于 2008 年 4 月 17 日）

学生逃学折射的问题

　　如今，随着社会的不断发展，竞争越来越激烈，人们在尽情享受丰富多彩的生活的同时，也感受到来自生活和工作的压力。就在大家认识到知识就是财富的时候，我们的学生却丝毫没有这种意识。他们缺乏对知识重要性的认识，无心学习，厌倦学习。加之他们受到社会上的一些事物和习气的影响，学校和老师根本没有办法走进他们，不能全面了解他们的内心，从而不能有针对性地施教。这就带来了严重的问题。

　　一天早晨，我正在办公室里批改作业，突然，一位班主任大声喊道："校长，不好了，我们班同学说胡安到校后翻院墙跑了，说他父亲打他，要报复父亲。"一语既出，办公室里像炸了锅一样，所有的老师都大吃一惊。这怎么了得，要是找不到麻烦可就大了，哪有这样的学生，老师们你一言我一语议论着。作为校长，我顿了顿说："别着急，要冷静，把情况摸清之后赶快打电话给家长。"听了我的话，老师们这才稍微平静下来，班主任赶紧到班上找来同学询问事情经过。

　　了解到情况之后，班主任打电话给家长。电话里，家长称：是因为其不听话，到家之后不写作业，不是看电视就是玩游戏，而且把他爸才买没几天的一辆自行车偷去跟收破烂的人就换了几十元钱，实在是气得受不了，就打了他，但没想到他会跑。通话之后，班主任让家长赶快出去找，我们学校也出去找找。于是，我和那个班主任也一起骑着车去找学生。一个上午，我们在大街上像无头苍蝇一样到处找，这个网吧，那个游戏室，最后还是没找到，累得我们上气不接下气。直到中午放学，那个同学才从某个角落里跑出来偷偷向路队靠拢。老师发现后，把其喊过来，再三询问情况他就是不说话。让其回家，他也不肯回去。怎么办？无奈之下，和我商量之后，老师只好暂时将其带回家吃饭，再打电话告诉家长以免担心，下午再来处理这个事情。

下午到了学校，家长还没来，于是我们就先对学生进行了思想教育。谈心得知问题的症结：父母每天只是忙于工作，对其学习和生活关心过少，让他心里感受不到父母的关爱，从而对父母产生抵触情绪，存在敌意。再加上因为一件小事，父亲又狠狠地打了他，于是在心里就产生了报复的想法——你不关心我，我就不让你好过。针对这一情况，我就耐心地对他说："你是父母所生，父母肯定是爱你的，哪个父母不爱自己的孩子？只是在某些方面做得不好或有疏忽，那是父母一心想让你过上好日子而卖力工作的缘故。他们在外拼搏都是为了你，生你养你是多么不容易。你已经是五年级的学生了，有自己的思想了，要学着去理解父母。如果你有个三长两短，父母该怎么活，你想过没有？你的老师又该怎么办？"在我的一番心理攻势下，他哭了，认识到了自己的错误，让家长和老师们担心了，并表示今后要好好学习，做个乖孩子。一会儿，家长来了，一到学校就再三地对我们表示感谢。我们乘机对他们进行了开导，说，在孩子的教育上他们也是有责任的，平时只顾工作忽视了对孩子的关心和教育，从而导致今天的局面。如今孩子大了，不能再用那种原始的棍棒教育了，要讲究方法，要有耐心。平时，也要多听听孩子的心声，不能只是简单地给他吃给他穿。有情况要及时和老师联系，互相交流沟通。以后要更多地关心孩子，以弥补之前的不足。在我的劝说下，家长表示今后一定注意，改变自己教育孩子的方法。那个孩子也向父母认了错，看到这样的场面，我们都会心地笑了。

一场逃学风波被我们化解了，悬着的一颗心终于落下了。但其中所折射出的问题值得我们深思：现实中，有不少家长把对学生的教育全部扔给学校，完全依赖老师。他们认为学校是专门教书育人的地方，老师的天职就是传道授业，因此孩子的教育就应该是老师的责任。

这种看法是片面的。在一个学生的成长过程中，除了学校的教育，还有家庭和社会的教育。而在这三方面中，家庭教育对一个孩子的成长起到至关重要的作用，它不亚于甚至高于老师和学校的教育。

如今，生活的压力很大，家长们都忙于自己的工作和事业，无暇顾及孩子，因此他们就把孩子的教育一股脑地推给了学校和老师。殊不知，学校和老师只能在孩子上学期间对他们进行管理和教育，而一旦孩子放学回家以及休息日，这个时间的管理就要落在家长的身上，这时如果家长疏于或懒于管理，那么孩子的教育就会出现空当，甚至会让孩子有机会染上不良习气，从而产生厌学的情绪。这样一紧一松，势必导致学校和老师管理成效付诸东流。老师不是神，有自己的家庭和追求，面对经济膨胀的时代，老师也会有来自工作和生活的压力，他们的精力是有限的，过分或无限制地依赖他们，只会使现代教育走向失衡。现在的老师对班上的一些"问题生"真是大伤脑筋，心有余而力不足。

当今社会，孩子的教育越来越复杂，对于学生的教育，影响之深，责任之大，不是老师单方面的行为所能承受的，这就需要多方面的支持和理解，才能更好地施教。如果家长能和老师很好地配合起来，联手教育孩子，互相沟通交流，及时了解反馈孩子在家庭和学校的动态，这样对于一个孩子的教育就会有的放矢。反之，学校和家长脱钩，互不联系，就会出现教育的空当，从而出现很多让人意想不到的问题。在这里我想呼吁，家长朋友们，行动起来吧，请支持理解老师，这样才能更好地教育您的孩子，也使我们的教育事业更完美。

唉，可怜天下父母心，可怜天下老师心呀！

（此文写于 2008 年 5 月 4 日）

切实把好教师的入口

　　近日，本地电视台和各家报刊都在不断播出和刊登全市招考教师的消息。这几天来，在单位我们谈论最多的是招考教师的话题，就连在大街小巷听到最多的也是这个话题。看来如今招考教师是全社会都关注的大事。这对于那些毕业生来说，是一个极好的机会。对于教育来说，教师队伍又将注入新鲜血液，也必将使我们这支队伍充满生机和活力。

　　教育是国家发展的基石。教育事关民族兴旺和国家未来。有好的老师，才能有好的教育。要采取有力措施吸引全社会最优秀的人才来当老师，提高教师队伍特别是农村教师的整体素质。因此，在选聘和招考教师的过程中要切实把好教师队伍的入口。一、要真正把高素质的大学生吸引到教师队伍中来，以提高教师队伍的整体素质。二、招进来的教师对学生要有爱心。对老师来说，没有爱就没有教育。三、招进来的教师要有终身从教的奉献精神，要有陶行知先生当年倡导的"捧着一颗心来，不带半根草去"的崇高精神。只有建立一支高素质的教师队伍，才能办出一流的教育，才能建设成强大的国家。

（此文发表于 2008 年 7 月 10 日《滁州日报》）

好老师的四个"法宝"

如今，社会对老师的要求越来越高。作为校长，多年和孩子们打交道，和他们做知心朋友，从他们的口中，我了解到他们心目中的好老师应该拥有这样四个"法宝"。

拥有崇高的师德修养

教育家加里宁说过："教师的世界观，他的品行，他的生活，他对每一现象的态度都这样或那样地影响着全体学生。"因此，作为新时期的老师要时刻注重自己的师德修养，要具有认真负责的敬业精神，高尚的人格魅力，严格要求自己，认真做好学生的引路人。

拥有普遍的爱心

爱是人们身上普遍存在的一种心理需要，爱拉近师生之间的距离。老师是学生的模仿和依恋对象。这就需要老师要努力做到爱生如子，在他们身上倾注无尽的爱，才能使得学生在爱的浇灌下幸福健康地成长。

拥有过人的教学技巧

师者，传道授业解惑也。老师是知识的传播者，是学生成长的引路人。新时期的老师必须具有全面的技能，成为全能的孩子王，这样才能吸引学生，激发学生的兴趣，从而轻松学习。

拥有健康的外在形象

爱美之心人皆有之，老师的一举一动、一言一行都对学生有影响。学生除了欣赏有素质、有内涵、有能力的老师外，也欣赏那些健康阳光、气质优雅的老师。

学生们说，符合以上标准的老师才是他们心目中完美的偶像老师。看来，做一个好老师的确不容易。因此，作为新时代的老师，我们更应该努力，做一名好老师。

（此文发表于 2008 年 10 月 23 日《滁州广播电视报》）

学会对孩子说"不"

如今，生活条件优越，各种商品琳琅满目，这对孩子的诱惑很大，他们可能见什么都想要。加上多数家庭又只有一个孩子，挣钱不给孩子花给谁花？于是家长们对孩子百依百顺，不曾想到，这样反而会让孩子养成很多陋习。

我的宝宝已经三岁半了，在幼儿园上中班。原来一直很听话，自从上学之后，我发现女儿变化挺大，尤其是每天放学都要买东西，否则就不依不饶。奶奶对其疼爱有加，哪舍得让她受委屈，要什么买什么。每每要求被满足之后，女儿就会眉开眼笑。时间一长，我发现这样不行，既惯坏了孩子，又让孩子养成很多陋习。要想想办法，帮助女儿改掉这种不良习惯。认真思考之后，我决定对女儿说"不"。一、选择适当的时机，小心拒绝。女儿心情好的时候，我就拒绝满足其要求，并说明道理。这样她虽然不是很情愿，但只是有些情绪，过一会儿就好了。二、平时潜移默化地教育。在日常生活中，利用和女儿谈心的机会，向女儿说明乱买东西是不好的行为，应该需要什么才买什么。并且我还见缝插针地给她讲一些生活穷苦孩子的故事，让她受到感染。三、及时和老师沟通，寻求支援。我发现女儿非常听老师的话，于是就把女儿的情况及时向老师反馈，让老师利用上课的时机讲明乱买东西的坏处。

这样多方共同努力，一段时间下来，我发现女儿放学后不再要求乱买东西了。有时竟和我们说别的小朋友不听话，乱买东西，他们不是好孩子之类的话。看来，对孩子的一些不良习惯不能听之任之，要知道孩子是可塑的，只要我们家长用心去发现，采用恰当的方法，一定会取得良好的效果的。

（此文发表于 2008 年 11 月 27 日《滁州广播电视报》）

那节推门课

从教十二个春秋，大大小小的教学竞赛、公开课经历了很多次，也取得了一些成绩。这使得我变得浮躁起来，对待教学就放松了要求，认为自己是"老猫上锅台——熟路"了。没想到一次教育局组织的"推门课"，让我这个"老猫"着实出了把丑。

去年深秋的一天，上课铃响之后，我像往常一样夹着课本晃晃悠悠地来到教室。几分钟之后，校长敲门进来，说："周老师，局里的两位教研员指名要听你的'推门课'。"（"推门课"就是不通知，不打招呼，直接走进教室听课。）我一听，头脑一下懵了，心里不免紧张起来。这下完了，一点准备都没有，怎么办？以前的比赛和公开课，那都是精心准备并经过多次预演的。唉，现在没办法了，只好硬着头皮上了。两位教研员坐下之后，我开始讲课。我没了往日的潇洒自如，连头也不敢抬。原本有些冷，我竟然上得大汗淋漓。正当我无奈的时候，救命的铃声响了，我像得救一样，长舒了一口气。我从来没有这样狼狈过，真的连钻地缝的心都有。

总算熬过去了，我在内心还暗自庆幸。我想接下来大不了就是要接受两位教研员的批评了。交流开始了，没想到我们语文组的老师都参加了，这更让我感到无地自容。我坐在座位上，耷拉

111

着头趴在办公桌上。这时我后悔莫及，早知现在，何必当初呢？要是能谦虚一点，在课前认真准备，哪会出这么大的丑呢？越想越后悔，脑子里嗡嗡的，一片空白。其中一位教研员先开口说："周老师，你先说说，你觉得你这节课上得如何？"什么？让我说，这不是叫我钻地缝吗？不说又不行，我就有气无力地说："我——上得一塌糊涂，请领导们批评吧。"听了我的话，他说："看来你有情绪，作为年轻教师，出一点错误是难免的，你要勇敢地面对，要总结教训。其实，你是很优秀的，从这一节课看来，你的基本功非常扎实，各方面素质也很好。你要知道教学也是一门艺术，只有不断摸索才能不断前进，才能成为真正的灵魂工程师。你是很优秀的，应该很好利用和发挥自身的这些潜在的素质，为成为一名优秀的老师而努力。你这节课，总的来说还是不错的，最大的问题就是课前准备不充分，你要切记这一点。"另一位教研员也对我的课进行了评说，和第一位基本相同。听了之后，我内心痛苦极了，看来我犯了一个认识上的错误，太自以为是了。我还是一个称职的老师吗？我的理想、我的追求都到哪去了？我这样还怎能说要把学生教得如何？也就是此时，我才真正认识到做一名称职的老师是多么不容易。要想教好学生，自己必须得先了解每一个学生，认真吃透教材，做好课前准备。

这一天成了我教育生涯的转折点，它给我上了终生难忘的一课。每当我想偷懒时，那一节推门课的画面就会浮现在我的眼前，告诫我，激励我。

（此文发表于 2009 年 1 月 5 日《滁州日报》）

正视学生的两面性

从教十二个春秋，一直担任班主任，我经常和学生谈心交流，和家长沟通，俨然成了家长和学生之间的桥梁和纽带。工作中我定期对班上学生的情况进行及时了解，了解学生的动态以及在家里的表现，并把其在学校的表现向家长反馈。最近，我发现了一个让我大吃一惊的状况：有很多同学在家和在学校表现出两种不同的性格，在家表现得非常任性和野蛮，而在学校却表现得乖巧听话、拘谨，甚至孤僻。孩子应该表里如一，如果这样长期下去，会对孩子的成长带来一定的负面影响。于是这引起了我的重视，我决定针对这个问题在班上进行了解探究。

我把自己的想法认真思考整理后，就不断地和班上的学生逐一进行谈心交流，并发放问卷。最后总结得出结论：出现这种情况的多是独生子女，在家里比较娇惯，自尊心又非常强。他们在家里是小皇帝，呼风唤雨，被家长每天捧在手心，形成了以自我为中心的性格，因此变得任性和野蛮。到了学校这个大家庭，他们失去了原来的绝对地位，又加上自尊心强，事事处处都想好，害怕被老师和同学不看好，没有面子，于是就变得小心谨慎，连上课发言都不敢，更不敢有任何出格的举动。问题的症结找到之后，我决定从以下三个方面着手，让他们从这样的心理中走出来，找回真实的自我。

一、面对面交流，心与心碰撞

课下，我就针对这一情况和那些存在这种心理的学生敞开心扉地交谈。我对他们说，一个人的成长要表里如一，要正视自己的优点和缺点，不能因为自己的虚荣心而掩饰自己的缺点，也不能因害怕失去荣誉而事事拘谨，委屈了自己的个性发展。让他们明白，凡事不会十全十美，只要用心去做，付出努力，尽心就好，不会有人看不起你的。上课时，我就尽量设置一些难度大一点的问题去让他们尝试，失败之后，发现老师和同学们都没有看不起他们，于是，他们上课发言的次数在增多。

二、融于集体，找回自信

利用班会的形式，我号召班上其他同学有意识地去接近他们，和他们一起做游戏，一起玩耍，让他们感受到集体的温暖，他们不是孤独的，有很多朋友在关心和支持着他们。一段时间下来，我发现，这些孩子明显变得活泼多了，参加集体活动的次数也多了。

三、家校配合，共同关注

除了在学校师生帮助之外，我还及时寻求家长的支持，让他们在家里要经常说服教育，不要再过于娇惯孩子，帮助孩子改掉任性的坏习惯。同时，让孩子经常参加家庭聚会等活动，学会适当表达自我。

经过一段时间，我发现这些孩子已经改掉了表里不一的状况，他们正快乐地成长。班主任工作就要细致入微，以小见大。新时期的班主任就要善于在班级中发现这些"小"问题，让学生在快乐中成长。

（此文写于 2009 年 3 月 20 日）

关爱留守儿童不能停留在表面

　　留守是新名词，是时代的产物，是经济发展的产物。在我国随着农村进城务工人员的增多，在广大农村出现了一个特殊群体——留守儿童。据统计，全国共有留守儿童数千万，他们的生活、学习成为一个热点话题，也是一个难点问题，引起了全社会的高度关注。留守儿童多父母双方在外打工，他们和爷爷奶奶或叔叔婶婶生活在一起。因此他们幼小的心灵缺少一个健全家庭该有的爱，使得他们倍感孤独、忧虑、自卑等，严重影响了他们的健康成长。党中央一直高度重视这个问题，号召全社会都来共同关注留守儿童。各级政府也不断加大对留守儿童的关爱和帮助。

　　笔者前几天就带了一批留守儿童到社区参加"关爱留守儿童知识讲座"。社区向孩子们开放了图书屋，工作人员和孩子谈学习、拉家常，嘘寒问暖，让孩子们充分感受到社区大家庭的温暖。看到孩子们脸上洋溢着的灿烂笑容，欣慰之余，我心中更多的是感到一阵阵酸楚，他们太需要爱了，我们的工作做得还不够。衷心希望这样的关爱和帮助不要只停留在表面，不要只涉及少数，要真正关注到每一个孩子，让他们在社会这个大家庭里不再孤独，茁壮成长。

（此文写于 2009 年 4 月 12 日）

引进校长任期制利于教育发展

随着社会经济的飞速发展，对教育的要求也越来越高。现如今，出现了诸多不适应教育发展的问题，校长的任期就是其中较为突出的一个方面。如今的校长任期制亟待改革。众所周知，在各行各业中，对于领导的任期都有明确的规定和相关制度。一个领导者，他的精力和能力是有限的，长时间担任一种职务，可能就会出现意识麻痹、目光短浅、思想陈旧、缺乏创新意识等问题，凡事总想着保自己的乌纱帽，怕承担责任。同时，也制约和影响到年轻干部的培养和锻炼，从而出现学校管理层的青黄不接。这一情形严重影响了现代教育的发展。因此，现代的教育管理就应该像行政领导干部那样切实引进校长任期制。让那些长时间作为校长的领导面对社会的飞速发展，要有忧患意识，俗话说得好，有压力才有动力。积极采用校长任期制，竞争上岗，能者上庸者下，真正做到让一批热爱教育、愿意奉献、敢于创新、具有很强的管理能力的年轻校长充实到教育第一线。从而引领教育不断创新，不断发展。

（此文发表于 2009 年 8 月 2 日《滁州日报》）

我的评课观

如今，为了能够提高教师的教育教学水平，各个学校都在开展形式多样的教研活动，其中最多的就要算听课和评课了。说起评课，作为一名老师，我们是再熟悉不过了。评课就是每个教研组组织本组的教师，每人准备一节公开课，然后组里的老师都去听他的课，最后再坐到一起来，对上课的老师的课进行一番讨论交流。虽然此举的最终目的是增强教师间的交流，不断提高学校的教育教学质量，但我们在实际的工作中所看到的并不是想象的那样。有的评课成了花架子，显得那样苍白。在此，笔者只想就一些评课存在的问题以及解决的办法谈一点自己的愚见。

现在评课存在的问题不外乎有这么两点：一、大家对评课的意义认识不足。老师们在工作中不能很好地理解评课对一个老师的成长是多么重要。它能够集思广益，让老师博采众家之长，共同学习，共同提高。教师间可以学其所长，补己所短。我们知道，一个老师往往是当局者迷，自己上的课自己很难发现问题，如果大家坐到一起来讨论交流，那样就会借别人的慧眼发现自己的不足，从而发现问题，解决问题，不断提高，不断进步。二、教师本身顾虑重重，不想对同事的课进行评说，以免引起不必要的争议和误会，从而导致评课流于形式，不仅收效甚微，而且成了老师心理上的负担。这就要让老师们明白，评课不是针对某个老师，而是针对某节课，大家不是在批斗某个老师，而是在借众人的眼睛发现问题，总结思考，避免其他的老师再犯同样的错误，给我们的教学提供捷径。

只有这样，我们才能真正从评课中得到真经，才能让评课不再成为老师们的累赘和负担。因此，在日常工作中，作为学校的管理者要善于引导，勇于创新，让评课成为一项制度，成为老师们的"良师益友"。

（此文写于 2009 年 10 月 27 日）

做一个文明人

下班时，得到通知，为了工程进度，晚上工地上加班。我作为工地的监工，应该到工地看看。因此，回家之后，早早地就吃过晚饭，一看时间还早，于是我决定步行去工地，权当锻炼身体了。

来到大街上，明亮的路灯整齐划一地排成一条长龙，行人三三两两，说着笑着，不时有车辆驶过。我一边走着，一边打量着街上的环境和行人。如今的生活真的发生了翻天覆地的变化。虽然是冬天，但走了一阵后浑身发热，丝毫感觉不到冬日的寒意。不知不觉来到一处红绿灯前，我们的县城为了争创文明县城，安了多处红绿灯来规范交通。刚好是红灯，虽然没有车辆，但我还是很守规矩地停了下来。而这时有一个女人带着孩子有说有笑地径直走了过去，对红灯视而不见。我心里很纳闷，这样的家长又如何去教育自己的孩子呢？

回来时，又遇到了一次红灯，因为已是半夜，车辆更是寥寥无几，可我依然自觉遵守规则。这时一位行人拎着东西也是自顾自地走了过去。怎么这些闯红灯的都让我遇到了呢？他们真就连这几秒钟都等不及吗？为什么会为了自己的一时方便，而置自己的安全和县城的形象于不顾呢？我着实想不通。如果每个人都像这样，那我们的"文明县城"又该等到何时呢？我想还是应该做一个文明人，这样我们的社会才会更文明。

（此文发表于 2010 年 1 月 2 日《滁州日报西涧周刊》）

奉献教育　无怨无悔

——学习沈浩精神有感

　　沈浩，一个熟悉而响亮的名字；沈浩，一个平凡而伟大的名字。他是中国农村改革发源地——凤阳小岗村的领路人。为了人民的利益，他献出了年轻的生命。当噩耗传来，人们无不沉浸在万分悲痛之中。从此，党失去了一个忠诚的好村官；人民失去了一个贴心的当家人。沈浩是当代领导干部的楷模，他一心为民，全心为民。作为一名光荣的人民教师，我以沈浩为标尺，一切为了学生，为了学生的一切。在工作中，我严格要求自己，努力用实际行动践行着对沈浩精神的领悟。

一、选择教育，找准方向

　　我是一个在农村长大的孩子，深切感受到农村的贫穷和落后，也深切感受到家乡教育的落后。我从小就立志要成为一名乡村教师，为家乡那些渴求知识的孩子带去知识和希望。初中毕业后，虽然中考取得了优异的成绩，但我毅然放弃了上高中的机会，而是选择了上师范学校，将来成为一名老师。我的选择让很多老师和亲朋好友感到无比惋惜。他们认为我是大材小用，屈才了。只有我心里最清楚，成为一名老师是我的梦想。不管以后的教育生涯怎么样，我都无怨无悔。

二、热爱教育，无私奉献

　　1997 年，我从师范学校毕业，顺利地成为家乡小学的一名教师。当上老师以后，我的内心别提有多高兴了。每天上班，我总是早早地就来到了学校，先带孩子们打扫卫生，然后就带领他们早读，有时还和他们进行互读互评，让孩子们能够积极地参与到读书之中。每节课之前，我都要认真地针对学生的特点查阅大量的资料，精心准备，尽我所能为孩子们带去更多的知识。孩子们都喜欢听我的课，轮到我上课，他们总是异常兴奋。课余，我总是牺牲休息时间积极地为落后的孩子们"开小灶"，补学补差，坚决做到不让一个孩子落下。遇到学习和生活上有困难的孩子，我经常进行家访，了解情况，给予帮助。时间一长，孩子们都乐意和我交流谈心，做知心朋友。与孩子们相处的时候，我感到无比轻松快乐。我每天都享受着作为老师所拥有的那份成就感。

三、忠于教育，实现价值

光阴似箭，日月如梭，转眼，我从教已十二个春秋。在我的同学中，有的一毕业就转行了，有的工作了几年也改道从政了。可我坚持了下来。在这个经济飞速发展的时代，有人说我傻，可我视金钱如粪土，矢志不渝地坚守在教育战线上勤奋耕耘。一分耕耘一分收获，在我的不懈努力之下，每年我所带的班级在各类考试中总能名列前茅。成绩只代表过去，为了能更好地适应教育的发展，我不断自学，给自己充电。如今，我已取得本科学历，多篇教育教学论文、散文在报刊上发表。我不满足于现状，一定加倍努力在教育这条大道上不断向前驰骋！

沈浩走了，但他的精神永存，他永远活在我们的心中。在今后的人生道路和教育生涯中，我会牢记沈浩精神，以沈浩为楷模，忠诚于党，忠诚于人民，奉献于教育，无怨无悔！

（此文写于 2010 年 4 月 8 日）

感悟监考

一年一度的高考又到来了，我参加了监考。以前在乡下从教，每每看到城里的老师挂着胸牌参加监考，觉得是那么神圣，我的内心无比羡慕。自从调入县城，我已参加了大大小小10多次的监考。在自己亲历多场监考之后，才真正有所感悟。

监考是一种责任。各类考试都是神圣的，是国家和社会选拔人才的有效途径。一场考试关系到社会的公平公正，也关系到能否通过本场考试真正把有才能的人选拔出来。监考教师作为组织考试的一员，担负着神圣的职责。在考场上，监考教师要保证考场的纪律，保证考试的公正性，切实为考生考出真实的成绩而做好监督。

监考是一种服务。对于每一个参加考试的学生来说，能够考出理想的成绩是他们最大的愿望。因此，这就要求监考教师在实施监督的时候，既要做到保证考场的纪律，也要很好地为每一个考生创造一个轻松舒适的考试环境，让每一个考生都能发挥出自己的正常水平，考出理想的成绩。

监考是一种素质。监考虽然看起来只是一种机械的监督，没有多少技巧和内涵，而事实上，监考也能够展示一个监考者的综合素质。首先是考验一个监考老师的身体素质。每场考试总要站上两三个小时，不能在考场上来回走动，以免影响到考生的临场发挥，没有好的身体素质是完成不了这样的任务的。其次，监考老师要有很强的时间意识。每场考试都有时间规定，尤其是监考老师在考试之前都要做好充分的准备，为考生做好服务。再者就是，在监考过程中，发答题卡以及收发试卷，都有规定和程序，这就要求监考老师熟练掌握这些规定动作和程序。

监考是一种体验。人们常说有体验才会有感悟。作为一名监考老师，只有身在其中，才能体会高考的神圣，才能体会学生学习的重要。面对这样神圣的高考，我们监考同样是神圣的。

（此文发表于 2010 年 6 月 25 日《滁州广播电视报》）

帮您的孩子减轻升学前的心理压力

随着社会的不断发展，如今的经济条件越来越好，孩子们享受着无比优越、幸福的生活。家长朋友们也是在自己力所能及的情况下，想尽一切办法为孩子们创造更好、更宽裕的环境和空间。但我们也要清醒地认识到，现在一个令家长感到头疼的状况在悄然出现，那就是在顺境中成长的孩子缺乏适应新环境的能力。很多孩子在上学之后，面对升学感到压力很大，表现出对上学的恐惧感。遇到这样的情况家长们该怎么做呢？

一、加强激励，提高信心

信心是动力。做任何事情，只要有信心，那就成功了一半。家长在日常生活中要善于观察，以发现孩子的变化。孩子很快就要升入高一年级学习，家长要加大对孩子的激励力度，帮其树立信心。比如，要对孩子说，你是最棒的，你一直表现得非常好，家人和老师都很看好你，只要继续努力，你一定会比现在还要好……

二、沟通交流，谈论理想

理想是一个人奋斗的目标，是发展的方向。理想是力量的源泉，一个人只要有了理想，就会奋发向上！家长在生活中要抽出时间与孩子坐下来，面对面地交流、谈心，倾听孩子的心声。教育孩子，要想实现自己的理想，就要不断努力，不断向高一级的学习领域进军。这样一来，孩子就会减轻心里的压力，为了实现自己的理想而乐意去升学。

三、熟悉环境，减轻陌生感

很多孩子对新的学习环境，都会有些陌生感。他们认为到了陌生环境，一切就改变了，不再像以前那样使自己愉悦。这时，作为家长应该及时带孩子提前到要升学的学校去看看、转转，先熟悉那里的环境，让孩子减轻心理上的陌生感，从而很快地从心理上接受新环境，让他们清楚地认识到新环境同样是他的天地，同样是他的乐园！

总而言之，在遇到孩子有类似情况时，切忌采用暴力手段，一定要从孩子的心灵入手，从孩子的成长出发，细致观察，耐心倾听，对症下药，帮助孩子顺利克服升学带来的心理上的障碍，让孩子带着愉悦轻松的心情向更高一级的学习领域驰骋、翱翔！

（此文发表于 2010 年 8 月 24 日《皖东晨刊》）

新时期校长的基本素养

校长是学校的领导者、管理者、指挥者，是学校的核心。校长的素养直接关系到学校的发展、教师的教学、学生的成长。随着社会的不断发展，教育也不断发展，对新时期校长的要求也越来越高。作为一个年轻的校长，我不断学习，不断摸索，在与老师们和谐相处之余，总结出校长需具备的三点素养。

一、以身作则，身正为范

校长作为领导，是老师们的榜样、标尺。在日常工作中，凡是要求老师做到的，校长必须做到，而且力求做得最好。首先，校长要是一个拥有过硬教学基本功的老师；其次，带头遵守学校的各项规章制度；再次，要做一个清廉的校长，这是高压线，也是建立形象的基础。做到这样，教师就会以你为榜样和标尺，做一个合格的人民教师。

二、以情动人，与师为友

校长要想做好管理，不能高高在上，远离老师，必须了解每一位老师，和每一位老师成为朋友。校长要和老师打成一片，对待老师要像对待自己的亲人。同时要深入教师当中，倾听教师的呼声，了解老师的疾苦，努力使自己成为老师的倾诉对象，成为老师的知心朋友。这样才能更好更快地发现问题，解决问题。

三、以理服人，人性化管理

人都是有血有肉的感情动物。校长作为领导，在执行学校的规章制度时，不能过于死板，要学会根据实际情况，灵活多变地执行。一个学校有几十位、上百位甚至更多的老师，每一个老师的个性、能力、家庭情况等都存在一定的差异。校长要因人而异，不同的事不同对待，从实际出发，努力做到人性化管理。遇到问题要晓之以理，让老师了解到你已经在为他考虑了，一切都是为了学校，为了孩子。

新时期，校长作为一个学校的主心骨，要以身作则，一切从实际出发，一切从学校出发，这样才能让学校焕发生机，充满欢声笑语。

（此文写于 2010 年 11 月 15 日）

新时期校长应具备的四种意识

意识，就是人们对事物的认识。作为一名长期从事教育工作的人，通过多年的观察和总结，我认为新时期的校长应具备以下三种意识。

一、公仆意识

"横眉冷对千夫指，俯首甘为孺子牛。"说得多好呀！作为校长，就应该清楚地认识到自己的位置，和普通教师只是组织分工不同，不能把自己凌驾于教师之上。要清楚地认识到自己是教师和学生的公仆，自己的工作除了日常管理，更重要的是服务于教育。也就是说，校长在工作中要积极做到服务于学生，服务于家长，服务于教师，关心学生的学习和生活，深入了解掌握教师的思想动态，适时地给予他们工作和生活上的帮助。在实际工作中，校长要想方设法，为教师和学生创造良好的学习和工作氛围，充分调动他们的积极性，变"要我做"为"我要做"。只有这样，学生才会更喜爱学习，老师才会更热爱教育。

二、管理意识

校长是一个学校的主心骨，是师生的标杆。作为一校之长，要时刻牢记自己的管理职责，有什么样的管理，就会有什么样的教育。教育资源再丰富，教师素质再高，校长的管理跟不上，那也是白搭。一个现代化的学校就应该具备现代化的管理体制。好的管理才能引领好的教育。作为新时期的校长，在工作中要深入到教师之中，深入到学生之中，真正了解管理工作中存在的问题和不足，积极寻求解决办法，以不断完善学校的管理，创造良好的教育环境。

三、奉献意识

"春蚕到死丝方尽，蜡炬成灰泪始干。"作为一个校长，自己的思想上要有奉献意识，不能一味地考虑到从教育中索取，要一心扑在教育上。校长是一个学校的当家人，作为新时期的校长，要把学校看作自己的家，自己是一家之主，老师是兄弟姐妹，学生是自己的孩子。作为一家之主就要想方设法带领大家把教育搞好。一个校长如果只想从教育上索取，不考虑奉献，那么对于个人、对于教育、对于社会都是危险的。

（此文写于 2011 年 3 月 2 日）

加强学校安全管理，还学生一个平安乐园

日前，从电视以及报刊上获悉，在短短的一个月时间里，全国就发生了四起校外人员伤害小学生的事件。数量之多，手段之残忍，让人震惊，让人心痛。他们还都是孩子，是祖国的花朵，如何下得了手呢？这就提醒社会要高度重视这个问题。一个现实的问题摆在所有人面前——学生的安全要如何保障？

事情发生了，我们要冷静下来，认真思考，认真反思，亡羊补牢，以避免更多的不幸发生。学生是弱势群体，需要有人来保护。没有一个安全轻松的环境，他们又怎么能静下心来搞好学习，回报社会呢？全社会都应该积极行动起来，共同努力，营造一个安全的教育环境。学校更应该加强安全管理，还学生一个平安乐园。

（此文发表于 2011 年 6 月 5 日《皖东晨刊》）

领导干部要乐于当"伯乐"

当前，社会经济迅速发展，对人才的需求日趋迫切。拥有各式人才成了一个国家和地区发展和进步至关重要的因素。而人才的成长和培养又是一个非常复杂的过程。这就要求各级领导干部要善于发现人才，善于培养人才，为社会和经济的发展积聚力量。新时期的领导干部不能妒忌下属比自己强，或不能容忍下属犯错误。这些对人才的培养和成长都是极其不利的。"青出于蓝而胜于蓝"，只有一代比一代强，社会才会进步。再者，"人非圣贤，孰能无过"，领导要能包容下属，惩前毖后，治病救人，让年轻人经受磨炼，练就一身真本事。为了社会的发展，领导干部要切实当好"家长"，乐于当"伯乐"，培养更多人才！

（此文写于 2011 年 8 月 11 日）

换位思考的妙处

　　一日，作为教师的妻子在为上小学二年级的女儿检查作业的时候，发现女儿当晚的作业是将已经考过发回的试卷再抄一遍做一遍。而女儿的成绩是 97 分。这让妻子很是不理解。因为女儿已经考了 97 分，只因粗心做错一道题，为什么还要将试卷再抄一遍呢？这不是做无用功吗？她只要将错的那一题弄明白不就行了吗？看到妻如此这般，我在一旁就插话道：是吗？轮到自己女儿，你就忍不住了、心疼了？作为一名教育工作者，你有没有想过，我们很多教师经常布置类似的作业，有时候甚至要将试卷抄上好几遍，他们是否想到过家长的感受和孩子们的承受能力呢？要是我们的教师都能换位思考一下，那该多好啊！何至于社会上出现那么多家长对老师的质疑！妻听到我这么说，细细想来也真是那么个理，也就不再说什么了。

　　是啊，在生活中，我们遇到很多尴尬和不愉快的事，都是因为彼此不能换位思考，而是各执一词，到最后不仅伤了和气，而且在社会上造成恶劣的影响。何苦来着？要是都能换位思考，多多考虑别人，又何至于此呢？由此，我想到，无论是谁，无论是何种职业，遇到事情，都要先冷静下来，然后学会换位思考，互相理解，这样才会心情顺畅，也就不至于做出偏激的事了。

　　作为一名新时期的教育人，我们面对的都是新生代的孩子，他们有自己的想法和做法，我们不能再用老套的教育方法去对待，否则轻者让他们小看，重则影响到他们的健康成长。老师是孩子们心中的"神"，是他们在知识海洋里遨游的引路人和掌舵人，无论做出什么样的决定，都要从孩子们的角度出发，想他们所想，急他们所急，做一名真正的新时代的"孩子王"。

　　　　　　　　　（此文发表于 2011 年 11 月 13 日《全椒报》）

老师，何必和孩子较真呢

　　一日，我正在批阅作业，这时走进来一位年轻的女数学老师，她坐到办公桌前就开始大发雷霆。我赶紧把头扭过去，一看，心里清楚，她肯定又是因为哪个学生的成绩太差或不做作业生气了。这是我们作为一名光荣的人民教师常遇到的事。作为一名在教育战线工作十几个春秋的老教师，我不能袖手旁观，得赶紧问明原因安慰安慰她呀！于是，我就问道："小王老师，你这是怎样了？谁惹你生这么大的气？""周老师，你说说，这些孩子怎么这么没良心呢？""这怎么说来的？"她说开了，滔滔不绝。我终于明白了，事情的经过是：她们班的学生在写日记时，有几个学生写到，她这个数学老师布置的作业太多了，影响到了他们的睡眠。可她不这样认为，她觉得自己只布置一点点作业，怎么能说多得影响睡眠呢？这是对她的不尊重，对她劳动的轻视。平时自己是如何付出，如何辛苦，这就叫出力不讨好。他们为什么不说语文老师的作业多呢？单单要说她呢？这不是柿子捡软的捏吗？欺负她是女的。中间又不好打断她，只好听她说完。我以为是什么大不了的事，原来就是这么一点小事，至于生这么大的气吗？

　　想到这儿，我就想从我这个老教师的角度来开导开导她，让这事过去吧，何必和孩子这么较真呢？于是，我就说道："小王老师，你何必和孩子这么较真呢？孩子未必有你那么复杂的想法，也许他们只不过是因为日记实在没有内容可写，随便写写完成作业罢了！作为老师要有博大的胸怀呀，更要正确对待孩子的反馈。像你这样要是让学生知道了，孩子们会小看你这个老师的。如果，你认真地去了解一下是不是作业真的布置得多了一点，多了就改正，不多，你就应该和孩子们坐下来做一次心与心的交流和沟通，了解学生的心声，也让学生明白你的苦心，这样一来就会让学生从心底里敬佩你这个老师，不是比你那样生气和发火要好一些吗？你好好想一想，看是不是这个理。"

　　也许，作为老师，我们确实觉得孩子们这样做是不对的。但是，作为师者，我们又为何不能容忍孩子们的一点点小错呢？给孩子们一些宽容，包容他们的偶尔闪失。善待每一个孩子，也就等于善待自己。

（此文发表于 2011 年 12 月 7 日《安徽青年报》）

孩子，你这样行吗？

今天，我们六年级数学组进行了年级统一检测，看一看学生们学习的情况。一直以来，作为毕业班，我们将教学抓得都非常紧。快要期末了，数学教研组长就决定大家一起来考一考，了解一下实际的情况。这一号召得到了同年级组的一致响应。准备好试卷，大家通过各班调考的方式来保证考试的公正性。老师们对这样的考试都是非常重视的。一考完，大家就投入到试卷批阅工作中，真是有一股子干劲。批阅采用流水作业的方式进行，不到一个多小时就批阅完了。成绩还不错，基本达到了大家预期的目标，大家都比较开心，一段时间的努力没有白费。

紧接着，那就是到班上订正试卷。有一个班在发试卷的时候，一位平时成绩非常好的同学却拿到了一张不是自己的试卷。老师也很纳闷，一看，确实不是她的，每天改作业，老师对学生的字迹都已经非常熟悉了。这是怎么回事？老师正想着呢，他一眼看到其座位后面的一位同学的试卷上竟然是 94 分。怎么会呢？她平时每次只能考 50 多分，好一点也只能考 60 来分，这一次怎么会一下子就考这么好呢？将其试卷拿来一看，老师心里就明白了，这根本就是刚才那个学生的试卷，但怎么会到了她的手里呢？老师就问道："这是你的试卷吗？"她若无其事地回答道："就是我的。""这不是你的字迹，而且你也不会考这么多，怎么可能是你的试卷呢?"接下来,她就再也不说话了。老师非常生气——自己考不好,还做出这种事来,简直是认识有问题。于是就把她从班里请到了办公室,语文老师看到这样的情景,赶紧问:"这是怎么了?"老师极度生气,将此前的情景又描述了一遍。

原来如此,难怪老师生气,作为学生,考不好就考不好,哪能做出这种事呢?大家一边纷纷劝老师消消气,一边一起向学生"开火"。看到那孩子低得不能再低的头,感觉真是"可怜"。我一贯在学校充当"消防队员",哪里有情况,我都会站出来调和。这种情况,都这样对待孩子,她能受得了吗?如今的孩子可都娇惯得很,要是有什么闪失,那就得不偿失了。于是,我就对那个孩子说道:"你看这么多老师说的有道理吗?是多少就多少,哪能弄虚作假呢?你有没有想过,被你改名字的那个同学该怎么办?同学之间应该互相帮助,互相关心,你这样会让所有同学看不起的。我们老师不要求学生都成才,但一定要成人!你想老师能不生气吗?你这和'偷'又有什么两样呢?你说对吗?"听我这么一说,那孩子抬起头来看了看我,然后点点头表示认可。不错,看来我说的话还是有效果的,适可而止吧!两头劝劝算了。我又说道:"孩子,老师和父母一样,都是恨铁不成钢呀!老师为你们可真是呕心沥血!你得向老师认错。"好在,那孩子挺好,抬起头走到老师跟前就认了错。成功了一半,我就让那孩子先出去一下,又对老师说:"她换试卷那也是想考个高分呀!更何况,你也要允许孩子犯错不是?她能认识到错误不也是好孩子吗?你说呢?"

总算将事态平息了,我也舒了一口气。事后,我就在心里想:难道分数对一个学生真的就这么重要吗?要想有高分数,你得自己去考,去争取呀。孩子,你这样做行吗?

(此文写于 2012 年 1 月 11 日)

用心描绘一方教育的乐土

—— 2012 全国中小学教育教学管理高级研修（全椒）班总结

说起教育教学管理，那么首先我们就得弄清何为教育。《大学》有言："大学之道，在明明德，在亲民，在止于至善。"《辞海》这样写道：教育，广义指以影响人身心发展为直接目的的社会活动。狭义指由专职人员和专门机构进行的学校教育。教育是作为个体的人与社会发展必不可少的手段，受社会政治、经济、文化等方面的制约，也对社会整体及其诸多方面产生影响。教育还受制于个体的身心发展规律。社会主义社会的教育是建设社会主义和促进个人全面发展强有力的工具。

作为教育工作者，弄清楚什么是教育，对于认清教育的本质、明确自己的职责、找准前进的方向是大有好处的。没有理性的自觉，是不可能在实践上做个清醒的教育者的。

今年暑期，我有幸参加了全椒县教育局组织的教育教学管理高级研修班，倍感幸福和满足，这是一次与专家学者面对面的交流的机会，是一次理论提升的机会。专家学者们一场场精彩纷呈的报告，一段段深刻绝妙的阐述，让我的心灵一次次受到震撼和洗涤。结合此次培训专家和名师的讲授和实际工作中的所思所想，我更加清醒地认识到教育教学管理必须有深度，有广度，下面将从三个方面阐述我教育教学管理的想法。

一、用爱心培育"千瓣莲"——学生

学生是教育的对象。学生是祖国的花朵，是民族的希望，学生的成长和发展是学校教育的最终目的。学生有个性差异，因此在教育教学过程中就要因材施教。我们教育人要不断提升自己的内在素养，不断提高自己的专业技能，以适应社会和学生发展的需要。学生的自我需要最重要，强加式、填鸭式教育，都不能很好地吸引一个孩子，要想办法变"要我学"为"我要学"。教育人要用一颗爱心去对待每一个孩子，用欣赏的眼光去看待每一个孩子，要让每一个孩子都能像"千瓣莲"一样，绽放时千姿百态、娇艳欲滴，含苞欲放时饱满丰盈，未开放时让人充满期待。记得我教过的班上就有这样一个孩子，他天资聪颖，但对学习缺乏兴趣。其实，我知道他就是一个还未开放的"千瓣莲"，一旦被激活了开放的欲望，他就会活力四射、光彩照人。于是，我给予他更多的关心，每天晓之以理、动之以情，没想到他就是因为缺乏老师的关爱而自暴自弃，这样一来他沉睡的心被唤醒，成绩不断上升，期末时竟进入了班级前十名。爱是最好的老师，爱是最好的教育。

二、用真心引领园丁——教师

教育教学不是孤立存在的，它除了有学生之外，也不能缺少一个至关重要的角色，那就是我们辛勤的园丁——教师。学生是花朵，肯定少不了园丁的培育和浇灌呀！因此，教师在整个教育中所起的作用也是非常显著的。这也就对管理者提出了一个重要问题——如何引领教师成长。有人会有疑问，教书育人就是你教师的天职，何必要其他人去引领呢？要知道，教师和学生一样，也会表现出个性差异。我们的管理者就要学会发现问题和解决问题，走进每一位教师的心灵，与他们进行心与心的交流和碰撞，用自己的真诚去打动和感染每一位教师，从工作出发，从生活出发，去关心、去帮助，用真心打消他们的顾虑。大到孩子上学，小到电动车充电，全面细致地关心，让他们充分感受到集体的温暖和自己的价值。比如，那些刚毕业的大学生，他们对工作和生活都充满无限的期待和希望，等到真正走到工作岗位时发现与自己所想的有差距，那就会严重影响到他们工作的热情。这时我们的教育管理者就要发挥作用了，就像对待学生一样要多角度地去开导和引领他们，转变他们对生活的认识，激发他们对教育的热情，要让他们有归属感，有成就感和价值感，这样就能促使他们安心于教育、一心从教。当然，说起来容易，做起来难呐！管理者应营造和谐的氛围，给所有的教师提供一个发展和成长的平台，要真正做到"为了每一位教师"，让每一位教师都感受到幸福！要知道，幸福是最大的动力。

三、用热心管理乐园——学校

学校是学生和教师的"第二个家"，家是心灵的港湾，家要温馨快乐。我们把一所学校打造成一个温馨、和谐、快乐的家，我想这个家庭中的每一个成员——教师和学生，都会乐在其中。这就对我们的管理者提出了更高的要求，要用全部的热情去打造我们的第二个家园，用全部的热情去营造快乐的氛围，用全部的热情去关心和呵护每一位家庭成员。因此，管理者要转变观念，你不是统治者，你是服务者，是给所有老师和学生提供优质服务的，让他们感受到集体的温暖，感受到"家"的温馨。管理者要不断学习和提升，提高自己"服务"的品质，提升自己内在的素养，要求教师和学生做到的，管理者就应该带头做到，并且要做得更好。管理者要真正走进教师和学生的心灵，做他们的知心朋友，只要全校师生找到了共鸣，我们的校园一定会发展为一个乐园。

"爱心"解决深度问题，"真心"解决难度问题，"热心"解决广度问题。有了这些还不够，还要坚持，坚持是硬道理。对待教育事业就要做到"一心无二用"，这样才能把教育搞好。"随风潜入夜，润物细无声"，这是对我们教育人的最好写照。我想只要我们倾注了"爱心""真心"和"热心"，我们的孩子就会感到无比幸福，我们的教师就会感到万分高兴，我们的学校就会变成乐园！

（此文写于 2012 年 8 月 7 日）

此时无声胜有声

　　有时，榜样的力量是不可小视的。塞内加就有这样一句名言：教诲是条漫长的道路，榜样是捷径。在孩子的教育中，教师的亲身示范会带给孩子潜移默化的影响。

　　一日，我在校园各个角落来回巡视，边观察学生是否在做危险游戏，边查看一下各处的卫生。安全是学校管理工作的生命线，同时，卫生又是学校的脸面。对于学校来说，除了教学是第一要务之外，这两项工作那可谓关乎学校的生存和形象。发现一张躺在地上的纸屑，出于习惯，我弯腰伸出手去捡。就在我的手快要接触到那张纸的瞬间，一只小手抢先拾起了它。这谁呀？抬头一看，哟，是他？我愣了一下，他冲我笑了笑。"怎么会是你？"我问道。他随口答道："你给我们上课的时候不是说过要爱护环境，做学校的小主人吗？"然后径直跑向旁边的垃圾桶，将它放了进去。我还没缓过神来，他已经离开了我的视线。

　　他是一年级某个班的学生，因为我教他们班的"经典课"，因此对他有所了解。他在班上可是一个调皮捣蛋的家伙：上课说话、做小动作，下课和同学打架，每天都不得安宁，老师见到他都头疼。一进他们班上课，他就进入了我的视线。就因为这些，在我的课堂上，我重点关注了他，并且在课后专门找他谈了话。

没想到，还真是"朽木可雕"也！我想这就是教师的榜样示范作用，有时我们说十句还不如自己做一件。正所谓此时无声胜有声！

（此文写于2013年1月30日）

十五元钱的正能量

一日，我一个人骑着车子去街上办事。事办得挺顺利，我的心情也就异常好。我骑着车子往回走，走到半路时，突然被路边的一个妇人挡住了去路。此时的我很是纳闷，要是在以往，我肯定不会理睬就自顾离去了。但今天不同，我的心情挺好，于是就停了下来。

那妇人走到跟前，说实话，我是有戒心的，怕遇到骗子之类的事让自己闹心。"大兄弟，你好。"妇人说道。我赶紧应道："您有什么事吗？""我不好意思开口，我带着女儿来到全椒找在这里干活的丈夫，没想到他被老板派出去出差了，说是要等到晚上才能回来。恰好我们的钱包昨晚在旅馆弄丢了，到现在我的女儿还没吃东西，您看能不能给几元钱让我女儿买点东西吃。"妇人面露羞色地说道。我的脑海里当即闪过一个念头，如今像这种骗子是很多的。正想着，妇人旁边走来一位十一二岁的小姑娘，朴实羞涩的一个孩子，看到此，我的内心开始动摇。再看看妇人也是一个着装朴素的平常女子，应该不会是那种费尽心思去骗人的骗子。想到这儿，我拿出钱包掏出了十五元零钱给了那个妇人。妇人接过钱对我千恩万谢。我只是淡淡地回了一句："不用谢，快带孩子去买点吃的吧。"然后，我就骑着车离开了。

十五元钱可以说很少，不值一提。无论我做的是对是错，也无论那妇人是不是骗子，我都想向世人传递一种正能量。就算是骗子，十五元钱对我来说也不算什么损失，对妇人来说也发不了什么财。但如果妇人真的是遇到了困难，我这不就是一个善举吗？即便现在社会上不道德的人和事很多，我也应该传递正能量，让我们这个世界越变越美好。

（此文写于 2013 年 7 月 4 日）

教育需要正能量

在一次组织集体谈话中，领导说：教育需要正能量。说得多好啊，这是我一直在思考、在实践的问题。

如今的教育，虽然受到社会大环境的影响，出现了一些不尽如人意的人和事，但是我想说的是，那只是少数或极个别，绝大多数的教育人都是忠诚的、勤奋的、向上的、积极的。这就说明教育总体是好的，是可赞的。所以，听到领导的这句话，我着实激动了好一会儿，甚至是久久难以平静，也不想平静。作为教育人，我们自己要有希望，要有追求。对于教育系统出现的不该出现的人和事，我们首先要提醒自己，然后要尽力让大众走近教育，了解教育，从而改变对教育的一些看法。就像领导所说的，如果我们这些有为、有能的教育人都能为教育倾其一生、呕心沥血，还会有人说吗？

因而我们责无旁贷，没有理由不去扛起这样的重担。教育需要我们，我们就应该迎难而上，奋力拼搏，为教育打开一片"向阳"的天地。

（此文写于 2013 年 8 月 15 日）

一步坡

　　咦，今天我的车子怎么这么顺就下来了？以往，到此处我都要下车，或放慢速度，以免划伤车子。你不知道吧，我说的是我们小区通往我家楼下的那个通道上有个台阶，一直以来给我们带来了很多的不便。如今不知是谁做了好事，用了点水泥在台阶前做了一个缓坡，让附近几栋楼的住户得到了很大的方便。原本不需要多少材料，也不需要多少人力的事，竟在这么长时间里无人去做。谁又知道，自己的举手之劳，就会给大家带去方便。其实，我们的生活中像这样的坡又何止千万。

　　这不免让我联想到，教学不也和这"一步坡"有着惊人的相似吗？那些在学习上有困难的学生，就好比这没有坡度的台阶，只需要教师稍微指点，在问题和答案之间加上这么个"一步坡"，他们就会豁然开朗。我们都知道，在面对难题时，往往就差那么一步，只要有人愿意指点迷津，难题也就迎刃而解了。如此，学生在心里该多么感激老师，也会让学生感到学习简单了许多，从而树立自信，增加兴趣。教师也会感到教学不那么累了。就是这么一个简单的问题，实际生活中，往往被忽略。

　　如今的教育发展势头迅猛，却潜藏一些危机。我们为何不能静下心来、弯下腰来倾听孩子们的心声，真正做到"一切为了孩子，为了孩子的一切"？我想这也不是多难的事，只要我们在孩子与教育之间加上那容易前进的"一步坡"，孩子必将乐于学习，教育必将大放光彩！

（此文写于 2013 年 10 月 7 日）

一节充满时代气息的美术课

　　说什么我也没有想到，在学校组织的校内优质课评选中竟会听到一节让我耳目一新、理念新颖、风格独特的美术课。这节课的教者和我除了同事关系之外，说实话，私下也挺投缘，关系也很好。课前，他一再表示不想上，在我们的再三鼓励之下，才答应来完成此项"任务"。但据我对他的了解，他嘴上说无所谓，其实做事还是很认真的。就是课堂开始的那一瞬间，我也没有想到那节课会是如此震撼人心，会是如此韵味独到。我不禁在心底大声感叹：原来，美术课还能这么上呀！

　　一上场，简单的开篇之后，老师首先播放了一段精彩纷呈、吸引眼球的《飞机总动员》的视频。不要说那几十个孩子，就连我们这些教学"老江湖"都着实吃惊了一番。孩子们一下子就被带入老师设置的情境之中，开始兴致盎然地欣赏，从他们的表现来看，应该是享受其中了。板书出主题：承载希望，放飞梦想。多么大气、内涵丰富、富有时代气息的主题。"见过飞机吗？"视频后，一语抛出拉开了孩子们的记忆闸门："见过""见过""没见过""我还坐过呢"……打开了话匣子。这样就激发了思绪，引入了新课，一切顺理成章，自然流泻。

　　紧接着，老师讲了一段抗战时期我军空军与日本帝国主义对抗的历史故事，主题鲜明，给孩子们带来了一次爱国主义教育。课堂掀起了一个高潮，孩子们的求知欲被大大地激发。揭开新课主题——师生共同学习纸飞机的折法，老师用白板设备演示过程，边演示边走近学生手把手地指导。以往都是老师说完看着学生动手，没想到这次是老师和孩子们一起动手，极大地拉近了师生的距离，让学生感受到老师这个"大朋友"的气息，从而让老师真正走进学生的心灵。动手过程中，孩子们是那么认真，那么投入。然后，师生共同对各自的作品进行讲评、整改，无不体现了孩子们的主体地位，课堂上孩子们才是真正的主人。点题，老师不忘自己所要传达的主题，让孩子们在自己的作品上寄予梦想和希望。目标清晰，效果显著，如行云流水。

有希望，我们更要放飞希望。课堂尾声，让孩子们带着寄予自己梦想和希望的"飞机"走到大自然中去试飞。一切来源于生活，还要回归生活。老师不忘提醒孩子们，在放飞梦想之时不能给人类最亲密的朋友——大自然的脸上留下污垢。不经意间渗透了环保教育。无论是听觉、视觉抑或是心灵，我们和孩子们都享受了一次"大餐"。一节自然、和谐、新颖的美术课在我们每一个人的期待和欣赏中落下了帷幕。

（此文写于 2014 年 6 月 10 日）

为学生打开"科学"的眼睛

今年，我校的优质课评选中有一节科学课。看到安排表，我很是兴奋，很是期待。因为，科学是通向自由和美的桥梁。而在多年的从教生涯中，我发现我们更多地关注着语文和数学的教研活动，忽视或无暇顾及像科学之类的常识课。

终于到上课的时间了，我怀着期待的心情来到课堂上。这节课安排在学校的科学实验室进行。一进科学实验室，孩子们早已齐刷刷地坐毕，俨然等待着一节科学课的"航母"起航。孩子们被分为若干个小组，实验桌上整齐地摆放着条形盒测力计、两个石块和盛有水的量筒以及每个小组的学习单。看到如此情景，我就更迫不及待了。这样的科学课到底会有怎样的效果呢？孩子们会表现出多大的热情呢？课堂的纪律怎么控制呢？一连串的问题在我的脑海中闪现。随着执教老师一声清脆悦耳的"上课"指令，我们一群听者就融入孩子中"起航"了。课件展示了一段精美的《曹冲称象》视频，动感的画面，快乐的音乐，一下子就吸引了所有孩子的眼球。别说孩子，就是我们这些成人也都置身于那情境之中。正当大家都沉浸其中时，视频戛然而止。大家都意犹未尽。"看了这个视频，你有什么问题和想法呢？"老师发问。孩子们快速进入角色，纷纷提出自己的疑惑和想法。诸如：为什么一只小船能够盛起一只大象呢？称出船上的那些物体的重量为何就能知道大象的重量呢……一石激起千层浪，孩子们的思绪被打开，求知和探索的欲望被激发。

老师揭示课题，这就是浮力的应用。然后老师板书课题，学生明白了这节课学习的主题就是"浮力的应用"。轻松自然，娓娓道来，配合默契，顺势而为。进入操作环节，老师先用课件展示操作的要求，每组学生面前都有一个任务单，大家按照上面的具体要求分步进行，并记录下每次的数据，最后进行总结，得出结论。于是，每组学生都开始分工，条理清楚地操作起来，取物的取物，打结的打结，记录的记录。称出一个石块的重量，然后再将其挂在测力计上，放入盛有水的量筒里，看其重量有什么变化。此时，我发现每一组的孩子们都在有序地进行着，那么认真。每一个人都屏住呼吸，小心翼翼地对待"神圣"的实验，好像其中已经隐含了重大的发现。我们也都被这些孩子的表现所感染，是科学给了他们兴趣，给了他们动力，给了他们欲望。原本不忍心打扰，但我还是忍不住与旁边的一个男生小声地交流起来："与语文、数学相比，你们更愿意上什么样的课？"一开始，他还有所顾忌，在我的一再追问和鼓励下，就向我敞开心扉——肯定是科学这类有意思的课，会带来快乐，带来神奇，带来探索……

一语中的，也就无须追问下去。个中原因，我想就是这样的课有意思，能带来快乐和探索。这是孩子们所向往的课堂，所期待的教学。这节课在老师精心的设计和语言引导下，课堂气氛活跃，师生配合默契，是我没有想到的。孩子们在激烈的讨论和细致的操作中，不仅掌握了内容，实现了目标，而且培养了动手操作能力，培养了探索的精神。每一个环节，每一个动作，他们倍加小心，眼睛睁得大大的，生怕一个重要的发现从身边溜走。我感慨万千，每一个孩子都拥有一双明亮的眼睛，在科学课上大放光芒，而在我们的语文和数学课堂上却黯然失色，原因何在？我们要反思，要实践，要摸索。我们为何不能为每一个孩子打开一双"科学"的眼睛，让他们自由快乐地遨游在知识的海洋？

（此文发表于 2014 年 12 月 1 日《滁州日报》）

让每一个孩子成为"道德合格产品"

近日，学校分管政工的副校长气势汹汹地找到正在带学生进行晨跑的我，一阵狂轰滥炸，弄得我尴尬无比。到底是什么让他这么生气？

原来，班上有一位同学在上学的途中，购买小物品时竟偷偷地顺手牵羊拿了店家 5 角钱的东西。现在，小店的主人找到学校来了。真是丢人丢到家了。难怪副校长生那么大气，要是我还不得气死。事实胜于雄辩，人就在眼前，不相信能行吗？赶紧将那孩子找来，问其原因，出乎我的意料，他竟面不改色，来了个死不承认，硬说是自己已付过钱了，你说这叫什么事？你付过钱了，别人会为了区区 5 角钱大老远追到学校来吗？正要发火，最终冷静战胜了冲动，如今的孩子能在这种情况下批评吗？要是一时想不开，有个三长两短，那该如何是好？先放一放，我诚恳地代表学生向来者表示最真诚的歉意。好在对方也并无他意，只是孩子当时被发现之后，不仅没有承认错误，而且态度蛮横，才来到学校告知情况，便于学校对孩子进行这方面的教育和管理。

回到办公室，我越想越觉得窝囊，从教快二十载，这还是第一次。既然孩子没有承认，我也不好硬来，只是来个旁敲侧击，与其撕破脸，还不如让其自己认识错误，不更有回旋余地？大道理我讲了一箩筐，晓之以理，动之以情。一来二去，终于他被我的执着抑或是诚恳所打动，逐渐他开始软化了，我"乘胜追击"，孩子开始道出原委。这孩子在上学途中，陪同学去路边的店里购物，看到一款仅5角钱的小玩具，觉得很入眼，一时兴起，正好身上没带钱，孩子毕竟是孩子，只是充满无知和好奇，便做出了那样错误的举动。了解缘由后，说心里不生气那是假的，这样的事发生在我们班上，这个学期，我们的"先进班集体"肯定无望了。但作为教育人，教书育人乃我们的天职，又怎能为了区区一个"先进班集体"而责骂孩子呢？人非圣贤，孰能无过？错误不可怕，贵在能够勇于承认错误。接下来，我就语重心长地与其交心：万事德为先。一个人走入社会，德应放在首位，如果从小不能很好地认识和把控，将来定会酿成大错，必将悔之晚矣。然后，我又将主动权交给他："你说，你现在应该怎么做呢？"从他的面部表情，我判断他已经认识到错误了。果然，他抬起头望着我，坚定地说："老师，是我错了，我不该伸出那不'干净'的手，更不应该欺骗您。我放学后就把钱交给店主。"我点点头："这就好，老师相信你一定会是一个有担当、有勇气的孩子。你依然是我的好学生。"我仿佛看到孩子眼中泪光闪闪……

我舒心地深吸了一口气，我在一个孩子心中种下了"道德之种"。在教育这个大"工厂"里，我们不能允许有任何的不合格产品"出厂"。我们教育人既是生产者，又是检验者，要让每一个孩子成为"道德合格产品"。

（此文发表于2015年2月5日《安徽青年报》）

"再年轻三十岁"

　　"再年轻三十岁，我会快乐地和你们一起阅读。"多么富有感染力的话语。让人不禁想到了海伦·凯勒的《假如给我三天光明》。受触动之余，令人感叹时间的流逝，给人敲醒"珍惜时间"的警钟。台下的我久久不能平静。

　　而这感人至深的话语出自一位普通教育人的口中，是一位从事教育管理几十年的长者的心声。在 2015 年第二十个"世界读书日"，全椒县第二届全县小学语文青年教师读书研讨会拉开帷幕。活动中，教育局一位老领导发表了情真意切的讲话，以自己的亲身体验，为参加活动的来自全县教育界的几百名青年教师，上了一堂朴实无华却又情感真挚的人生之课、阅读之课，让我为之动容。他喜欢阅读而不炫耀，他羡慕年轻而不妄自尊大。

　　如今，阅读成了人们"不愿、不想、不能、不会"做的一件事，抑或是没有这个能力，抑或是没有这个精力，抑或是没有这个欲望，抑或是没有这个认识……原因多多，已成为整个社会的问题。我们必须重振阅读的旗帜，必须重拾阅读的信心。当下，我们正赶上阅读新时代的到来，在国家的大力倡导下，"全民阅读"开始不断升温。在 2015 年，更是将"全民阅读"写进了

《政府工作报告》，就像《人民日报》上说的那样"全民阅读的春天来了"。

阅读让人快乐，阅读让人进步，阅读让人成长，阅读让人幸福……阅读给我们每一个人带来的好处那是不言而喻的。就我个人而言，我是一个尝到阅读甜头的人，是阅读让我不断成长，是阅读让我收获幸福。以往，我多是采用传统的纸质阅读方式，每日空闲时，总是手捧书本，目光穿梭于一行行铅字之间，让我倍感舒适、幸福。而随着科学技术的发展，新媒体也很快被应用到阅读领域。新媒体背景下的阅读一改传统纸质阅读的静、缓，变得动、快，带来新时代的阅读革命，在我的生活和学习中一下子突显出其优势所在，实现了"阅读量的加法，阅读形式的乘法，阅读负担的减法"。

现在我开通了个人博客，每天从各式各样的博客中汲取着营养，也会将阅读心得和一些生活、教育的感悟与大家分享。我总是沉浸在阅读之中，享受其给我带来的无穷的精神滋养。我快乐，我幸福，我是阅读人！博客中，我们会就某个问题进行讨论交流，或建议，或批评，或分析，或赞扬……我是别人的粉丝，也收获了几百个自己的忠实粉丝，是他们让我成长，让我幸福。同时，QQ上有了我阅读的体会以及我推荐的内容，微信上有了我每天阅读留下的足迹。我不能满足于此，我还要将我的快乐和体验与孩子们分享。在我的带领和鼓励下，班上的孩子们都积极响应，加入到我的这支队伍中来。

毛泽东曾经说过：饭可以一日不吃，觉可以一日不睡，书不可以一日不读。阅读俨然成了我每天的"第四餐"，没有了这一餐，那一天就没"吃饱"，就是"营养不良"。我是一个教育人，怎能让自己成为新时期"营养不良"的人呢？我在新媒体阅读中幸福着、成长着。我就像一匹不知疲倦的骏马驰骋在知识的草原上，每天跃足奔腾。我不禁想大呼：你想睿智吗？阅读吧！你想自信吗？阅读吧！你想幸福吗？阅读吧！

任何时代，阅读都将影响社会、民族的现实精神状态和长远精神取向。爱阅读的人是美丽的，爱阅读的人生是精彩的。"再年轻三十岁"，一句简单而质朴的话就是对我们的鞭策，就是对我们的期待，我们怎能辜负一位长者的期待，我们怎能无视一位前辈的鞭策？人生有多少个三十年，不禁让人想起朱自清的散文《匆匆》，不能让时间从我们的身边溜去，不能让它从我们的叹息中逝去，我们不能就这样白白走这一遭啊。就让我们珍惜今天，把握明天，携手走上阅读之路。

（此文写于 2015 年 4 月 25 日）

不能让孩子离"生活"太远

那天，班上的孩子正在进行单元检测，我就来到他们中间进行了一番巡查。孩子们无论是书写还是做题态度，总体让我比较满意。我边走边看一些孩子的检测卷，不看不知道，一看吓一跳：排序题他们可谓"全军覆没"。说实在的，像时间前后、习作程序等我都在班上讲过，也强调过。即便这样，错的还是比较多。更让我气不打一处来的是，农民耕种的顺序一题真是惨不忍睹，孩子们竟然对农作物的播种和收获等环节一无所知，答案是五花八门。

当时，我是既生气又无奈，生气是因为这么点生活常识竟如此让他们犯难；无奈是因为这些生活孩子们又何时有过接触和经历呢？要是他们像我们儿时那样对农村生活和劳作有接触和了解，又怎会出现今天这么尴尬的场景呢？归根结底，这都是孩子们离"生活"太远惹的祸。我们每天都在喊口号，语文就是生活，生活就是语文。说是一回事，实际上我们的教材、教学等正一步步远离孩子。说到这儿，又让我想起一位同事给我讲的一个真实的事例。

在办公室，谈到孩子们的一些答案让人无法理解时，同事给我们说了一件发生在她侄儿身上的事：侄儿成绩一直都非常棒，几乎每次都是满分，全家人甚是欢喜。最近的一次检测中，他竟因为一道简单得不能再简单的题目丢失了5分，只得了95分。老师想不通，家长想不通，就连孩子自己也是百思不得其解。检测卷中出现了"5只兔子一共几只脚？列式计算。"孩子不假思索、信心满满地写上：5×2＝10（只）。结果可想而知，但孩子受不了，不能接受这样的分数，回到家向爷爷哭诉，老师为什么要扣我的分数？爷爷一看，本想批评他，可他已经哭得像个泪人似的，也不好发作，赶紧说道："老师没错呀！兔子明明是4只脚，你怎么就弄个2只脚呢？""爷爷，你不知道，我在动画片中看到的兔子一直都是2只脚的呀，而且都是站着走路的，这有错吗？"爷爷竟一时语塞，无言以对。孙儿说得有道理呀！他从来就没有接触过兔子，所认识的兔子只是停留在动画片中兔子的形象，兔子直立行走，是两只脚，另外两只在孩子眼中俨然就像人一样是手了。想必从孩子的角度来说，他的答案也是正确的。到底是谁错了？爷爷不禁感叹，现在的孩子离生活太远了！

这样的情况也许只是个例，但它已向我们教育人传递了一个信息，所有教育都应来源于生活，服务于生活，否则都将是"纸上谈兵"，又有何实际意义呢？很显然，如今，我们的教育要与时俱进，紧密结合社会的发展和需求，结合孩子的生活和阅历，为孩子量身打造教育台本，让每一个孩子会学习，会生活，幸福成长！

（此文写于2015年5月14日）

那真的是一只"鸡"吗

由于工作太忙，我总是将孩子们的检测卷带回家批阅。长久以来，自认为对待教育、对待孩子比较用心，也比较符合教育理念。但那一次批阅试卷着实把我给伤到了，好在我及时改正没有酿成较为严重的后果。

一日，我像往常一样把试卷带回家批阅，当批阅到作文时，一位学生竟"独树一帜"地把试卷上画的两个人中的一个看成了一只鸡。眼前浮现出他平时在课堂上的所作所为就有些搞怪，顿时，我是火冒三丈，不假思索地在试卷上画了个大大的"-30"，这叫什么事呢？出于好奇，每次批阅试卷，同一个年级的女儿都会守候在一旁看上一会儿，一边看着，一边与自己比较着。而此时，我的无名火像是把一旁正静静欣赏的她给吓着了。我分明感觉到她被吓得抖了一下。她先是看着我，然后试探着问我："老爸，你为什么发火，那图上画的确实有些像一只鸡呀，你这样会严重打压他的想象力。""什么？"我看了一下身旁的女儿。但女儿的一句话倒是敲醒了我：从教二十载，大道理会说上一大堆，临到自己头上一样会犯如此低级的错误。我为刚才的无名火吓到女儿而后悔，也为自己抹杀学生的想象力而后悔。脑海中瞬间浮现出曾经读过的发生在美国的一个教育案例：1968 年，内华达州一位叫伊迪丝的 3 岁小女孩告诉妈妈，她认识礼品盒上 OPEN 的第一个字母"O"。这位妈妈听后非常吃惊，问她是怎么认识的。伊迪丝说"是薇拉小姐教的"。令人想不到的是，这位母亲一纸诉状把薇拉小姐所在的幼儿园告上了法庭，理由令人吃惊，说幼儿园剥夺了女儿伊迪丝的想象力，因为她在认识"O"之前，能把"O"说成苹果、太阳、足球及鸟蛋之类的圆形东西，然而自从幼儿园教她识读了"O"后，伊迪丝便失去了这种能力。

诉状递上去之后，幼儿园的老师们都认为这位母亲大概是疯了，一些家长也感到此举有点莫名其妙。3 个月后，此案在内华达州州立法院开庭，最后的结果却出人意料，幼儿园败诉，因为陪审团的 23 名成员都被这位母亲在辩护时讲的一个故事感动了。这位母亲说："我曾到东方某个国家去旅行，在一家公园里见过两只天鹅，一只被剪去了左边的翅膀，一只完好无损。剪去翅膀的被放养在较大的一片水塘里，完好的一只被放养在一片较小的水塘里。当时我非常不解，那里的管理员说，这样能防止它们逃跑。他们的解释是，剪去一边翅膀的天鹅无法保持身体的平衡，飞起后就会掉下来，因此可以放在大水塘里，而在小水塘里的天鹅，虽然没有被剪去翅膀，但起飞时因没有必需的滑翔距离，也会老实地待在水塘里。当时我非常震惊，震惊于东方人的聪明和智慧。可是我也感到非常悲哀。今天，我为女儿的事来打官司，就是因为我感到伊迪丝变成了幼儿园里的一只天鹅，他们剪掉了伊迪丝的一只翅膀，一只幻想的翅膀，他们早早地把她投进了那片水塘，那片只有 26 个字母的水塘。"

然而现在我的所作所为不正是在重复故事中老师的行为吗？不正是在剪掉孩子的想象翅膀、扼杀孩子的想象力吗？在女儿面前，我感到万分愧疚，作为一名有着近二十年教龄的教师，作为一个口口声声是"优秀教师"的教师，怎么能、怎么会……再仔细看看，试卷中的图由于画质问题，看起来还真像一只鸡，为什么我就会那么武断，那么死脑筋呢？为何不能允许孩子有一点想象的自由和空间呢？想到这儿，我转而在试卷上工工整整地写上这样一段话：孩子，那真的是一只鸡吗？是的，那就是一只鸡。你的描写让我明白如何做一名保护学生想象力的老师，谢谢你。我要给你大大的 30 分，因为你是本次考试中最具创新力的考生。

最近，我正在阅读雷夫·艾斯奎斯的《第 56 号教室的奇迹》，老师对孩子的用心、爱心，为每位孩子构建了一个信任的空间；老师对孩子的赏识、赞扬，为每位孩子播下了自信的种子。自此，我想"那真的是一只鸡吗"必将像一面明镜在我的教育生涯中时刻照亮我的教育之路。

（此文发表于 2015 年 8 月 25 日《滁州日报》）

新时期校长要做到"高、大、尚"

随着社会的不断发展，对学校和教育的要求越来越高，对校长的要求也越来越高。新时期的校长要加快自我学习和发展的步伐，转变观念，更新理念，让自己更加科学、更加高效地引领学校、学生、教师的成长和发展。综合来看，一名校长唯有做到"高、大、尚"，才能当好校长，才能当好优秀的校长。

一、高

对于一名校长来说，就是要做到高素养。只有站得"高"，才能看得"远"，才能看得"透"，才能看得"准"……要想做到高，学习才是硬道理。鸟欲高飞先振翅，人求上进先读书。通过学习，校长不断提高自己的理论水平，管理需要知识，决策需要知识。校长是学校的车头，是学校的舵手。一个学习型的校长就会带出一大批学习型的老师，也就会塑造出一大批学习型的学生。言传不如身教。有些校长热衷于搞行政化那一套，其实要想真正实现学校的发展、教育的发展，知识的引领才能让老师信服，才能让学生敬佩，才能让社会放心。

二、大

新时期的校长除了要有很好的学识之外，遇到问题，遇到新情况，要有处变不惊、应对自如的能力，这样才能引领学校、引领老师。如此还不够，博大的胸怀也是校长必须具备的，校长平时遇到或要处理的琐事比比皆是，学生的教育、老师的矛盾、家长的质疑……可以说是应接不暇。这就需要校长学会包容。尤其是对待一些老师的不解和反对，甚至是吵闹，校长不能急躁，不能动粗，不能压人，要以博大的心去面对，要晓之以理、动之以情，一切以解决问题为主，对工作不对人，不能因为这些小事耿耿于怀，怀恨在心，想方设法找机会找理由批评打击。

三、尚

校长要有高尚的品德。习近平总书记说过：国无德不兴，人无德不立。一校之长首先要正其身。行教胜于言教，在工作中，校长要以自己的实际行动为全校师生树立榜样。习总书记还说过：精神的力量是无穷的，道德的力量也是无穷的。如今，整个社会都在担忧"德"的缺失。作为学校，理应要将其抓实抓好，要在师生中形成一股学德树德的好风气。

时代在变、社会在变、学生在变，但教育理想、教育追求、教育价值不能变。一名校长只要拥有了"高、大、尚"这三大"法宝"，就能在学校管理、育人树人、引领发展等方面一路高歌、一路驰骋。

（此文写于 2015 年 9 月 29 日）

本土专家更接地气

接地气已然成为各行各业的时髦用词，民生工程要接地气，领导讲话要接地气，文学作品要接地气……何为接地气？我想简单言之就是走近民心，贴近民意，易理解，好操作……作为一名教育人，我认为在各类培训中也必须接地气。

培训一词对社会上各行各业来说都是一个非常熟悉而且重要的词。在工作中，每一个人都要不断学习、不断提升，以适应社会的飞速发展。对于教育工作者，更需要与时俱进，推陈出新，吸收新思想，从而更好地教育好每个学生。除了树立不断学习的理念，培训是不可或缺的提升手段。培训本是好事，但总有人将其"神化"——唯有培训才能提升，才能发展。其实不然，培训只能说是一种比较直接的学习方式，自学不也是一种提升方式吗？更有甚者，有人在培训时迷信"知名专家"，不仅培训内容可能不尽如人意，而且费用高得惊人，一天的讲座少则5000元，多则10000元，甚至更多。这样的培训是声势大收效小，有人戏称：不培不知道，培了更不知道。何以出现这样的情形？就是因为一些管理者喜欢造声势，追求"高、大、上"，没有经过实际调研——别人缺少什么、需要什么？

我经常与同行进行交流，总能听到他们对这样的培训"怨声载道"。一是培训者所讲内容过于理论化，与实际联系不大；二是培训者过于爱吹嘘，培训实则成了"个人总结宣传推销会"，培训现场是低头一片，鼾声一片，台上一重天，台下一重天。整个就是"劳民伤财"呀！

与此不同的是，有时本地的"土专家"或是同在一线的"用心者""好学者""优秀者"，在给大家做培训时，朴实的语言、熟悉的案例、实用的方法，却能吸引眼球，会场应声一片、笑声一片。与前者相比，简直是两重天呀！是那些请来的专家没有真才实学吗？多数不是，既然有人请，肯定有"两把刷子"，否则他也不敢接这个活呀。正所谓，没有金刚钻，怎敢揽瓷器活？其中缘由已不言而喻了，是专家们离大家"太远"，而本土专家更接地气，想大家之所想，不受欢迎才怪呢。这样的本土专家得到的费用少得可怜，少则三两百，多则五六百，有时领导说了经费紧张，也就成了"白老大"了。说钱有点俗了，只是相比之下，请"知名专家"花了成倍的钱，却可能收效甚微，划不划算，稍会算术的人都明白的。

出现这样的情况，我想就是浮夸的思想在作祟，重外表轻内在的思想在作祟。一些人迷信"专家"，依赖"专家"，殊不知，实际往往适得其反。所以呀，我就想大声地说：我们可以欣赏专家，但绝不能迷信专家。模仿一句就是：从一线来，到一线去，要真正做到接地气！

（此文写于 2015 年 12 月 22 日）

这颗星该不该奖给她

　　奖励作为一种激励手段时常被老师运用到课堂之中，尤其是小学低年级的课堂教学，这样的方式对于小孩子来说作用是显而易见的。当然，我们要知道，奖励也要适当，过多过滥会适得其反。因人而异、适可而止才是运用奖励的最高境界。在最近的一次听课过程中，就出现了红五星到底要不要奖给某个学生的情况，当时老师的处理及时、机智、有效，让我记忆犹新。

　　那是一节数学课。整节课，老师设计得有条有理，师生配合得也比较默契，课堂气氛活泼，教学效果明显。这是一位刚参加工作没多久的女老师，为了检查孩子们对于新知识的掌握情况，设计了一个闯关游戏，获胜的小组将获得一颗红星，机会均等，若失去机会将有可能一败到底。这关系到整个小组的"利益"。孩子们表现得异常兴奋和激动，也不免有些紧张。第一组的一位女同学由于过度紧张，在女老师一再引导之下仍未能回答出准确答案，表现出害怕和失望，而老师也为她惋惜，由于时间关系，又考虑到闯关的公平性，让女孩先坐下思考，其他小组来完成这个题目。闯关游戏继续进行，孩子们兴奋依旧。说实话，坐在后面听课，看到那个小女孩的表现，我想她的心里肯定很难受，很自责。而女老师呢，由于经验不足也未能进行适当的引导，虽努力了，但没有成功。当时我心里那个急呀。好在，女老师并没有因为小女孩屡次出错而生气。这也让我的心里稍微好过一点。她要是再对小女孩发火，那就"尴尬"无比了。我和身边的一位听课老师交流，要是她待会儿还能够给那个小女孩一个补救的机会就太好了，就完美了。同坐的老师很赞成我的看法，毕竟那只是个孩子呀，保护他们的兴趣比教授知识来得更重要！

正当我有些纠结时，还有一题没答，女老师就和大家商量道：孩子们，其他小组都得到红星了，只有第一组没有，我们能不能再给他们一次机会？我们是一个班的，应该互相帮助呀。孩子们异口同声：好。机会再次给到那个女生，由于紧张和压力，她没有那么完美地完成，但总算在老师的帮助下完成了任务。女老师又说道：孩子们，你们说能给他们一颗星吗？孩子们毫不犹豫地再次回答好。多么可爱的孩子呀！我和同坐的老师都笑了。女老师迅速地为第一组也画了一个"迟到"的红星，那个女孩腼腆地笑了。我内心的一块石头落地了。女老师虽然年轻，但有着一颗真挚的爱生之心。就是这个不起眼、看似平常的举动恰恰给全班孩子们上了一堂团结互助的品德课，也保全了一个因紧张出错的女孩的学习动力，消除了她内心的自责。这也许将是影响她一生的举动。这也是师者必须拥有的爱生之心。

爱不是停留在嘴上，而应该实实在在地落实到我们的每一节课、每一个细节上。这也必将是女老师走向好老师迈出的重要一步。在随后的研讨中，我给了她一个大大的赞。一个师者心中时刻要有学生，有全体，也要有个体。只有这样，我们才能真正做到"从学生中来，到学生中去，一切为了学生"。

（此文发表于 2016 年 6 月 30 日《教育文汇》）

特别的教师节礼物值得点赞

我校提出构建书香校园，定期开展读书交流研讨活动。一次读书交流活动中，在与一位年轻教师交流时无意间得知，其在去年的教师节收到了一份特殊的礼物——一本《小学语文课堂教学容易忽视的 100 个细节》。这个有点意思，在座的所有人都很吃惊，这样的礼物还是头一次听说。家长是基于什么样的目的向教师送上这样的礼物呢？

我想无论他们出于什么目的送了这样的礼物，礼物本身就是一种创新，很特别，更是一个促进教师成长的礼物。我要为这样的家长点赞，要为这样的礼物点赞。

能送书说明家长本身就是一个喜欢看书的人，方能想到书，更说明家长不从流俗。送书给教师，会不会是向教师传递一个信息，想以书会友呢？志同道合方能家校协作教育好孩子。送书给教师，会不会也是对教师的一种促进呢？社会在进步，知识日新月异，恰好给教师送上精神食粮，真所谓"及时雨"呀！从书名来看，这样的书无疑是教学技能技巧的梳理，可避免教师走弯路走错路。那位教师称，所送之书真的给她带去了很多新的教育理念，真的就让其有所感、有所悟、有所成。她说真的感谢这样的礼物。你看，多好啊，一本书既表达了家长对教师的敬意，表达了家长的志向，也为教师带去帮助和解惑，实在是"高"。

中国是礼仪之邦，传统不能丢，情感不能伤，怎样才能既不失礼又表达情，着实是门学问。不如大家一起来送送书吧，送去情意，送去智慧。

（此文写于 2017 年 3 月 21 日）

巧用电子白板　带动课堂教学

——记全椒县第二实验小学信息化教学送教到二郎口小学

美丽的四月，我们相聚美丽的二郎口小学。

为进一步促进信息技术与教育教学的深度融合，优化教学流程，丰富教学内容，创新教学模式，提高教学质量，搭建教师专业成长平台，提升全县小学教师信息化环境下的课堂教学水平，由市级教育信息化示范校——全椒县第二实验小学组织开展的交互式电子白板课堂教学送教观摩活动于 2018 年 4 月 19 日在全椒县二郎口小学举行。

随着现代教学技术的不断发展，多媒体进入教室极大地丰富了课堂教学环境，由大屏幕多媒体投影发展到交互式电子白板，有效地提高了课堂教学效率，并增加了学生获取的信息量。电子白板走进课堂教学中，只需电脑、投影仪、交互式电子白板和相应软件，将传统的黑板、投影仪、电脑整合，即可构成完整的白板教学平台。作为一种新型教学手段，不仅更有利于激发学生的学习兴趣，而且降低了学生的学习难度，它具有诸多优点，非常适合在学校的课堂教学中应用。另外，电子白板能够实时记录、保存教学的全过程，成为学科教学的电子档案和课程资源，为教师改进教学、总结和反思提供了重要的资源。所以，作为新世纪的一线教师，我们必须要学习应用电子白板，充分发挥其独有的功能。如此看来，我们今天举行的活动是适时的、必要的、有效的。

三节课，让我深刻体会到现代教育媒体所体现出的无限魅力，感受到课堂教学的深度提升。数学课上，马俊老师的处变不惊、娓娓道来，清新自然；英语课上，俞蓉蓉老师的活泼灵动、神采飞扬，赏心悦目；音乐课上，李晶老师的张弛有度、和谐自然，韵味十足。

教学中，马老师利用白板幕布和音频播放功能，展示学生喜欢的动画人物，对学生进行环保教育；利用白板的神奇墨水功能，展示面积和周长的区别，引入面积的认识；利用白板的百宝箱功能，进行填空，提高学生的学习兴趣，加深对关键词的认识。俞老师利用多媒体资源库的功能，在资源库里调取歌曲，充分调动学生的学习兴趣，活跃课堂气氛；利用拖拽、播放音频、插入图片的功能，让学生学会本节课的重难点。李晶老师利用了幕布功能展示各国风景和三个小音乐家，增加神秘感；利用外部资源调取功能观赏维也纳金色大厅演奏的《云宫迅音》，让学生欣赏了音乐会，也展示了交互式电子白板可以调取外部资源的一个强大的功能。

交互式电子白板为我们提供了一个丰富的资源平台，为课堂教学注入了新的活力，在教学实践中，我们已经充分感受到交互式电子白板对课堂教学的关键作用，其强大的交互功能能够有效地集中学生的注意力。当然，教师在电子白板课堂教学过程中必须讲究科学性和实效性，一定要对教学过程、教学方式、教学资源进行优化设计，同时加强自身的修养，以便能够很好地适应和运用电子白板，优化教学效果，最大限度地调动学生学习的兴趣，充实教学内容，有利于自主、合作、探究式学习习惯的养成。随着时代的发展，信息化教学正在向智慧化教学迈进，这是教育的需要。我们只能不断学习、不断前行，适应、进步，决不能被动、滞后。

活动是一种形式，是一种平台，是一种载体。一次活动就是一次学习，就是一次提升。

交流是一种促进，是一种分享，是一种互惠。一次交流就是一次融合，就是一次发展。

活动在全椒县第二实验小学课题组团队的精心准备和精彩演绎下，在全椒县二郎口小学热情周到的保障和服务下，在全县相关学科老师的大力支持和积极参与下，取得了圆满的成功。

（此文写于 2018 年 4 月 20 日）

慎待"六年级现象"

刚到一所新校，我总想找到一个突破口：统一思想，制定制度，规范管理，明确分工，责任到人。但我觉得这些都有点儿大，如何才能找到一个小而实的抓手呢？我每天都在用心地观察，用心地思考。一日大课间，同学们都在做着广播体操，那叫一个"不堪入目"，行不成行，列不成列，东倒西歪，交头接耳，一盘散沙。我很想发一通火，但还是控制住了。这叫做操吗？这样做操还有意义吗？

我倒要看看你们到底为何如此无组织纪律，如此胆大妄为。"擒贼先擒王"，不行，我得先从老师身上找原因。学生管不好，老师肯定有不可推卸的责任。先观察再说吧，于是，我按捺住情绪，耐心地等待。几天过去了，十几天过去了，效果不是很明显。我想这都是之前长时间遗留下来的坏习惯，必须想办法改正，否则长此以往将无法收拾。先是在教师会上，我晓之以理，动之以情，做广播体操既可以锻炼身体，又可以体现协调性，更可以强化一个集体的凝聚力。话说出后，大家齐刷刷地看着我，怎么啦？是我说错了吗？看到我一脸困惑的神情，一旁的副校长提醒我，大家是觉得你说得有道理，是他们所没有认识到的。一直以来，也没有人这样重视过，也没有人这样说过。真的吗？有戏。

　　心动不如行动。接下来，就要看大家的行动了。你别说，几天后，我再次看到的广播体操已经与之前大相径庭。大家在改变，在进步。又过了几天，我发现一个奇怪的现象，那就是做操时总能隐隐约约听到嘈杂的声音。这么大的音乐为什么盖不住嘈杂声呢？分明是有人在说话，而且说话的人还不少。通过观察，我发现一年级那么小的孩子做操是那么认真，真有点"站如松"的味道，那认真劲儿真讨人喜爱；相反，五六年级的大孩子就没有那么认真了，站没有站相，扭扭捏捏，无法形容。再仔细一看，真的有很多人边漫不经心地做着操，边不停在说着什么。怎么就有那么多话要说呢？

　　找来一位老师，我说道："学生做操没有样子，还在说着话，你们老师就不管吗？你看那一年级新生做得多好，多认真。一年级孩子能做到，难道五六年级的孩子还做不到吗？"老师一脸无辜的样子回道："校长，你有所不知，我怎么没管，管，没有效果呀。现在的孩子太难管了，尤其是六年级的孩子面临着毕业，一个个就像变了个人似的，做事很是浮躁，不听话，老师说他理都不理。我们又不太敢说，说多了，又怕他们反感。你说怎么办？"听后，好像是有那么点道理，但细想一下，那肯定是老师的工作没有做到位呀，思想没有做通呀。想到这儿，我就对他说："你们要利用班会及主题队会，结合一些实例进行说教，反复进行思想疏导，肯定会收到意想不到的效果。后期，我们再安排一次六年级家长会及学生会，由学校出面做动员、做疏导。你看如何？"老师想了一下，说："好吧，你说得有道理，我们来试试吧，有什么情况再向您汇报。"谈话还算顺利。

　　说实话，我一直担任毕业班的教学，对于这一现象，心里还是非常清楚的，虽说孩子们有些变化，但也不能"脱管"呀！老师在这个时期进行适当的引导和疏导是尤为重要的。出现问题不可怕，可怕的是我们无视它或是无法应对。作为一名教育人，教会孩子学习固然重要，但给予他们正确的引导和疏导也是必不可少的。一年级孩子是"刚入编"，充满着好奇和憧憬，更容易接受老师的教导；而快要毕业的孩子，有了一定的想法，也受到社会上一些风气的影响和干扰，出现一些不太和谐的行为，是正常的。我们称之为：一年级现象和六年级现象。

　　如何能够将一年级现象这样的优点保持下去，又如何将六年级现象这样的不和谐有效化解，是值得我们教育人研究的课题。

（此文写于 2018 年 10 月 17 日）

为什么我做不到

阅读是教师成长的有效途径。为了尽快让教师，尤其是青年教师成长起来，我决定组建阅读共同体。由我牵头，40岁以下的青年教师必须参加，其他教师自愿参加，每周一下午放学后半小时为阅读时间。校长都参加，即使有人想偷懒，也是无计可施。虽说阅读不应该采用这种强制措施，但任何一个良好习惯的养成，是要从被动到主动循序渐进的。更何况，阅读是多么好的一件事啊。当老师们真正走进阅读后，就会享受其中。我们购买了《做有温度的教育》和《让学生看见你的爱》两本教育专著，让大家读着、想着，读着、做着。

这不看不知道，一看吓一跳。我与别人的差距好大。作者辞藻丰富，情感细腻，旁征博引，信手拈来，让我五体投地。同样是教育人，回想自己工作这么多年，为何未记录这样的案例，写不出这样的文章，出不了这样的书籍？而且我还一直坚持写作，还有为数不少的作品见诸报端。惭愧不已！认真梳理，认真比对，我发现问题主要出现在以下方面：

不够专业

我是师者，是专业技术人员，我的专业素养表现在哪？专业的词语，专业的理念，专业的分析……太多的专业知识让我应接不暇。我这个有着教育名师头衔的人脑子中竟没有这些专业知识。总认为自己还不错，殊不知已经到啃老本的境地了。不能与时俱进，不能虚心学习，就无法适应当前教育发展的需要。

不够用心

那些常规的教学案例是那么熟悉，但我们有记录吗？没有，我们都无视了。案到用时方恨少。说实话，在二十多年的教育之路上，我也记录过一些，但那些可以说是"冰山一角"，太多好的案例像流水一样悄悄溜走。孩子读书的瞬间，孩子玩耍的一刻，师生共处的时光，正是这些平常得不能再平常的画面、普通得不能再普通的故事，诠释着教育之义。

不够勤奋

言传不如身教，作为师者，在要求孩子每天写日记、写读后感时，我们自己做到了吗？没有。我们总要求学生做，自己却从不动笔，时间一长就会懒于动笔、不会动笔了。同时，我们总是强调没有时间，每天太忙了。是，如今的老师的确很忙，总被一些琐事缠身，但写作也是我们必备的技能之一，不能丢掉，时间就像海绵里的水，只要我们想挤，一定会挤出来的。

不够有爱

看到作者描述的一个个生动而又平常的案例，我在羡慕的同时，又有些"不屑"，这些案例我也遇到过，也处理过，有的处理得不比她差，甚至比她好。关键是，别人记录了，整理了，而我早已将之抛到九霄云外了。失之毫厘，差之千里。我想是因为我们缺乏对这份工作的爱，缺乏对这份事业的激情，更缺乏对学生的爱。如果心中充满爱，我们一定会珍惜每一个案例、每一次灵感，并付诸文字。

不够专业让我们不会下笔；不够用心让我们不能下笔；不够勤奋让我们不想下笔；不够有爱让我们无从下笔。

（此文写于 2018 年 12 月 4 日）

走好路，做好操

"一屋不扫何以扫天下？"换到学校来，走不好路、做不好操，怎么学会做人、做学问？在我的管理字典中，小事不小，小事含大学问。有人说我小题大做，我不这样认为。"不积跬步，无以至千里；不积小流，无以成江海。"把小事做实、做好，才能做大做强。基础打不牢，就会有"倒塌""跑偏"的危险。

初到新单位，我处处观察，时时关注。我发现走路是学生精神面貌的一个体现，做操是学生综合素养的充分展示。路走好了，不怕跑偏；操做好了，不怕体弱。但现状让我大失所望——散漫、随意，简直就是一盘散沙，成何体统？不抓不行，抓就要抓出成效。先是开行政会、班子会，统一思想，提高认识，制定方案。会上，大家各抒己见，达成共识，少先队牵头，教务、总务配合，体育组具体操作，班主任进行监督。再开教师会，宣传、布置、落实，大家达成共识，那就这样执行。

接下来，分两步走，第一要先教会大家走路。有人又要笑了，走路还不会走？你还别说，真的不是每一个人都会走路的。走路也是一门学问。无论在日常生活中还是在社交场合，走路往往是最吸引人注意的体态语言，正确的走姿，能体现一种动态美，能体现一个人的风度和韵味，更能体现一个人的活力和魅力。正确的走路姿势对我们的生活有很大帮助。通过大队部、体育课等多个方面、多个平台宣传、引导、教育，制定了全校学生都能认可的走路标准，让全校学生养成站好队、走好路、中途不散队，通道尽头才离队，上下楼道慢步轻声靠右行的良好习惯，真正让走路礼仪扎根校园。大队部结合每日常规检查，将走好路列入其中。在校园内不好好走路，大队部值日干部看见一例就会立刻指出并给予班级扣分处理。一段时间下来，同学们的走路姿势比过去好多了，相信会越来越好的。

路走好了还不行，接下来，就是要教会做操。通过学生早操的表现，可以了解一个学校的教学管理水平以及教师和学生的精神面貌状况。看来做操也同样重要，那就和走路一样，几个部门一起上，宣传到位、布置到位、组织到位、监督到位，也制定一个大家认可的做操标准。做操时，排队要求做到"快、静、齐"，要求精神饱满、动作整齐到位。唯有这样，才能真正让学生获得锻炼的效果，受到体育的滋养。标准制定后，学生到底做得怎样，我拭目以待。不错，有好转，但离制定的标准还很远，还要强化。观察中，我还发现一个奇怪的现象，那就是：越是高年级的孩子做得越差，而越是低年级的孩子做得越好。真是奇怪了！询问得知，高年级孩子年龄大了，不愿意在公众场合表现自己。这可不行，这不是表现自己，这是锻炼身体。必须将这种不正确的认识扭转过来，通过主题班会、主题升旗仪式、致家长的一封信等一系列举措来宣传做好操的意义。最后大家认为举行广播体操比赛应该是一个行之有效的方式，既是对学生的促进，也是对老师的督查。如果形成传统，那就会产生更好的效果。

好，那就由教导处、大队部协作，体育组具体实施，班主任配合，举行一次广播体操比赛，对全校的做操情况来一次大检验。方案出台、公布，在教师中的影响不小，各班纷纷行动起来，开展队列、队形、动作、精神面貌、口号的专项训练。每天听着校园里此起彼伏的口令、口号声，看着孩子们那阳光自信的面容和整齐划一的步伐，我心里不由自主地升起自豪感。不妨听听他们的口号：我自信，我出色，我拼搏，我成功! 3 班 3 班，非同一般，团结奋进，我们爱你……听着这一句句充满活力、充满自信的口号，怎能不让人激动呢? 一次广播体操比赛，对孩子们就是一次检验，就是一次提升，就是一次飞跃!

路走好了，操做好了，这只能作为立德树人的第一个层面。书读好了吗? 字写好了吗? 万事皆有本，只有夯实基础，把小事做实，把小事做好，才能为未来的人生奠好基。

（此文发表于《教育文汇》2019 年第二期）

读好书，写好字

　　读书的好处不言而喻，读书可以启智，可以明理。而书法呢，是传统艺术，可以静心，可以养性。基于"走好路，做好操"，我校开启立德树人的第二个层面——"读好书，写好字"。

　　说实话，如今阅读早已成了全社会共同关注和提倡的事。教育专家朱永新教授一直认为一个人的精神发育史就是他的阅读史；一个民族的精神境界取决于这个民族的阅读水平。可见，阅读是何等的重要。学校作为育人和阅读的主阵地，怎能落后呢？我们有责任、有义务又好又实地开展阅读活动，营造阅读氛围。经过走访、调查，学生的阅读现状不容乐观。为此，我们成立阅读领导小组，制定方案，明确目标，责任到人，努力构建"12345"模式，全面将阅读常态化、制度化。"1"即以每一个学生发展为目标，"2"即依托学校书海氧吧和班级图书角两个平台，"3"即建立课内阅读、课外阅读、亲子阅读三种形式，"4"即采用读一读、写一写、说一说、演一演四种表达模式，"5"即引领学生走进经典、走进历史、走近名人、走进自然、走进社会五个目的。

　　学校要求各班充分利用班级图书角以及书海氧吧，与孩子们共读（图书角的图书有学校图书室的，也有同学自愿带来换阅的）。各班制定了班级阅读方案：每天上下午第一节课前阅读 10 分钟，由语文课代表组织和管理；每周一节师生共同阅读课；每月一次阅读交流课，大家就自己阅读的内容或讲述故事，或分享片段，或交流体会……大家读经典、读名人、读历史、读自然、读社会，开阔视野，增长见识。

刚开始，孩子们不是忘了，就是坐不住，总会出现一些小状况。时间一长，或是受老师的影响，或是享受到阅读的快乐，孩子们不再交头接耳，不再左顾右盼。大家阅读了古典文学《红楼梦》《西游记》《三国演义》等，阅读了名人传记《名人传》《孟子》《孔子》等，阅读了历史图书《大唐西域记》《上下五千年》等。同学们的阅读习惯在悄然形成，全校的阅读氛围渐渐浓郁。在约定的时间里，走在校园总能看到孩子们手捧一本书有模有样地读着，不时露出笑容。当然，家庭亲子阅读的作用也不容小觑。通过家长会，学校寻求家长的支持、理解和参与，在家里同样营造阅读氛围，和孩子一起阅读，将校园阅读与家庭阅读很好地衔接。同时，学校还鼓励孩子们周末走进图书馆，让阅读得以延伸；走进大自然，读好无字之书。

古语有云：字如其人。字就是一个人的"门面"。而书法是中华优秀的艺术瑰宝，不仅能陶冶学生的情操，也能提升学生的审美能力。无论从个人角度来说，还是从文化传承角度来说，书法都应是我们必备的技能。于是，学校积极利用现有资源，聘请书法上有点儿造诣的夏老师担任"导师"。第一步，先由各班遴选出兴趣浓、基础好的孩子组建校园书法社团，每周四下午课后辅导 40 分钟，以少数学生带动更多学生。夏老师从执笔、运笔等基础抓起，给孩子耐心细致地讲解怎样提笔、怎样行笔、怎样收笔等。每天布置书法作业，并择优进行校内展示。一段时间后，发现这些孩子的写字能力得到了很大的提高，他们的字有力量了，有美感了……学校果断地为书法社团举办书法展，展示孩子们的学习成果、书写风采。此举在全校引起不小的反响，羡慕之情溢于更多孩子的脸上。

为了更好地激发全校孩子书写的热情，让更多的学生写好字，学校决定加强教师书写的培养，提升教师的书写能力，以师促生，全面进步，全面提升。于是，教师书法社团应运而生，凡是书写不好的老师必须参加，有书写基础及写得比较好的鼓励参加。从硬笔到软笔，从运笔到行笔，从背帖到临帖，一步一个脚印，扎实推进。和孩子一样，老师的作品每天放于校园最显眼的地方进行展示，既是对教师的促进，也是给学生的示范。之后，让这些老师以班级为单位建立书写活动课，从而将全校学生带动起来。

凡事预则立。以点带面，以个体带集体，逐步扩大，逐步辐射，全校的书写氛围也在悄然形成。习惯贵在培养，也贵在坚持。我想，学校的"读好书，写好字"必将为孩子的人生写下多彩的一笔！

（此文写 2019 年 3 月 19 日）

集团化办学不是教育均衡发展的最好方式

2019 年的国培过程中，除了集中进行理论学习外，就是到学校进行跟岗学习。顾名思义，跟岗学习就是近距离参观、参与学校管理、课程以及活动的具体过程，让理论联系实际，更好地消化、理解和吸收。跟岗学习时，我们来到一所由一名很有名气的校长带领的五个分校组建的集团化学校。规模大、人数多、影响大是这个集团校的特点，也让我们大开眼界。说实话，对于集团化办学，在几年前就已经听说，也从刊物上看到过介绍。当时，觉得这个离我们很远，也没有过多过细地思考。而实际上，很多地方都采用了集团化办学的模式。很多地方还比较热衷于这种办学模式，利用名校的效应来带动和辐射更多学校，也暂时解决了教育不均衡的问题。

在跟岗的过程中，我也在观察、对比、思考。集团校几所分校的常务副校长（也就是执行校长）在介绍中，都不同程度地向我们介绍了他们集团化办学的构思及模式，并且很引以为豪。他们还把自己的管理模式归纳为"五同一 两辐射"。一是建构集团化治理模式下同一的办学理念；二是建构集团化治理模式下同一的课程体系；三是建构集团化治理模式下同一的工作安排；四是建构集团化治理模式下同一的资源配置；五是建构集团化治理模式下同一的评价要求；六是迁移集团化治理模式下的优质人力资源；七是传承集团化治理模式下的先进理念和丰富经验。他们很用心地将日常的集团管理进行了梳理总结，就此我是很佩服的。通过他们的介绍，我们也感受到在这种模式下，一所名校正带领着其他几所学校成长、发展。其优势不可否认，名校的优质办学理念、管理模式、教育资源更大幅度地得到应用，也缩短了新建学校或薄弱学校成长和发展的路径和时间。当然，基于名校的效应，大家都纷纷想尽办法涌进这些学校。在满足大家上名校愿望的同时，也促使学校附近学区房房价飙升，某种程度上促进了开发商的暴利，加重了普通工薪阶层的购房负担。一位校长说道，就连学校的年轻老师也成了"学区房"的受害者，这难道就是名校应该做的吗？

也许，我们有些许偏见，毕竟集团化办学的确促进了名校资源应用的最大化，也真切地带动了一些新建校和薄弱校的提升和发展，某种程度上也在一定时间内促进了一个区域教育的提升与发展。但思考后，我也发现了集团化办学必须引起我们所有人反思和正视的问题。简单地说，其本就不是教育均衡发展的最好方式。同一的办学理念、同一的课程资源是不是会造就几所或一批风格相同的学校，也就是千校一律了呢？会不会间接造成千教一律、千师一律、千生一律呢？要真是这样，就违背了教育发展的初衷。教育本应该更具个性化、特色化，百花齐放、百家争鸣，而集团化办学就很难实现这一目标。这个办学集团越大，一样的学生也就更多，一个集团就是一个学区，还有什么办学个性、办学特色可言呢？

之所以出现集团化办学，最主要的原因应该是教育发展的不均衡，想让名校带动薄弱学校快速发展，以及社会上择校热的严重，短时间的引领无可厚非，但绝不能让其模式化，更不能让其全面化。那样久而久之就会阻碍学校的发展，更影响学生的发展。要解决这个难题，我想应该找到问题症结所在，找到解决的源头，那就是抓紧消除教育的不均衡。如何解决呢？无非就是要加紧培养校长，加紧培养教师，先把学校的软实力均衡了。每所学校都是优秀的校长领导和管理，每所学校都拥有差不多的优秀教师团队，然后，再学区招生，让各个学校的生源相对均衡。最后，实现学校硬件的均衡。如此，校长、教师、生源、设备等四个方面的均衡都解决了，还会再出现择校热吗？

教育的对象是学生，绝不能像工厂生产零件一样，将学生都培养成一模一样或大同小异的人。正像孔子所提倡的，教育要因材施教，有教无类。如此才能培养出适应社会需要的各行各业的人才，才能更好地服务社会、奉献社会。衷心希望，我们所有的教育人能够边育人边思考，边思考边实践，摆脱教育不均衡带来的一系列困扰，寻找一个更好地引领教育、引领师生向更加美好的未来前进的方法。

（此文发表于 2020 年 3 月《教学与管理》）

校长星级评选能够走多远

　　近日，在报刊上读到某地正在推行校长星级评选，说该地如何创新思路，如何调研，如何走出去，如何取得成功，如何提升了校长积极性……对待教育敢于积极创新值得表扬，就此项工作动了脑筋，付出了大量的心血，也值得称赞。但刚开始实行，能够产生多好的效果应该不会很快就知道。先不说最终是成功还是失败，即便成功了，也要更长时间和更多实践去检验。实践是检验真理的唯一标准。过头事能做，过头话不能说。因此，我们做事时，应该悄悄地实验，在做中思考，在思考中完善，在完善中提升，最后形成科学的方案，再宣传、推广也不迟。

　　其实，校长星级评选早就听说了，有些教育发达地区已经先行实施，不是什么新鲜事物了。做是做了，但成效如何一直没有太多的报道，也许还在实验中，也许是"胎死腹中"……改革是允许失败的，我们不应该责备。很多地方只是媒体关注了一下，宣传了一下，说白了，也只能是一种不成熟的尝试，执行不规范的话最多只能算是"标新立异"罢了。但就是这样一种不成熟的做法很多地方不明就里的教育主管部门生搬硬套来实施，真的符合自己的地情吗？不尽然。说实在的，不乏有些地方教育主管部门所谓学习创新往往是想博取领导的赞赏、大众的眼球，从而为自己捞得一点政绩。要知道，教育是功在当代，利在千秋，急功近利的想法和做法都是要不得的，也绝不能允许。

校长星级评选某种程度上或在某个特定时期内也许能够给予校长动力，给教育带来发展，但此举是不是最佳方案、能走多远，没有标准答案。再者，此举是不是适合所有地区，也不能一锤定音。一种存在着如此之多不确定因素的改革，为什么会草草实施呢？做过实际调研吗？做过可行性分析吗？即便有，那也绝不能花点钱请几个所谓的专家或是教授来个"走马观花式"或"蜻蜓点水式"的调研和分析，弄个纸质的材料往那一放，行了。成功，皆大欢喜；不成功，是按程序操作的，改革哪能不允许失败呢？不能以此来为自己开脱。我想成功也好，失败也罢，都应正确面对，不能逃避，也不能推诿。而且，对于不确定的做法或是改革最好还是要反复试验、论证，不应该大肆宣扬，以免给别人带去不成熟的"经验"，反而"弄巧成拙"。

校长星级评选该如何操作，笔者认为可以从以下几点着手：一是要有可行的方案。各地要依据自己的区域特点，认真组织调研，深入一线，深入基层，掌握第一手资料，制定出切实可行的操作方案。二是要有严格的执行。有了方案就要真正以"案"说话，大家对号入座，积极申报，然后组织评选，最后公示。要让真正有能力的人脱颖而出，能者上庸者下，从而为校长队伍注入一泓活水。三是要有公正的待遇。不同星级的校长要有对应的待遇，以此更好地促进大家工作。决不能喊口号或是开空头支票，不仅没有促进作用反而搅得一团乱。四是要有长效的机制。评选过程中，要认真总结，认真思考，让方案越来越完善，越来越科学，决不能朝令夕改，一任领导一个主意、一套做法。

当然，任何一项举措都应该深思熟虑，认真研讨，多方考证，在实施过程中，边实践边完善。也要正确面对失败，允许失败，但要总结教训，摸着石头过河，切忌一朝被蛇咬十年怕井绳。一旦实验成功，就要大胆地前行，不怕困难，不怕阻力，逐渐形成一种制度、一种文化。唯有这样才能真正为校长队伍的管理打开一条思路，也为教育发展带来希望。笔者也在思考，如果可以的话，能不能将校长的星级评选和职称评定单列开来：校长可以单走星级评选，也可以星级评选和职称评定同时走，一方面避免校长与教师竞争职称评定，另一方面也可以让校长作为一支专业队伍来培养，自成一体。

　　总而言之，教育是大事，绝不能当儿戏，一旦失败必将影响一代人、几代人。一家之言，还望批评指正。

　　　　　　　　　　　（此文发表于 2020 年 12 月《教学与管理》）

Chapter 4

做懂生活的老师

亲爱的宝贝

受几千年封建思想的影响，很多人都有着世俗偏见——重男轻女。我也是，一心觉得儿子好。但令我想不到的是，在得到千金时，却意外地特别喜欢。

当我第一眼看到女儿时，啊，这是真的吗？我简直不敢相信自己的眼睛。乌黑柔软的头发，胖乎乎的小脸蛋，白白净净的皮肤，太可爱了，一股暖流注入我的心田，让我感受到从未有过的幸福。多么美丽可爱的小精灵，我忍不住亲来亲去。一旁不知情的妹妹赶忙过来对我说："哥，这是怎么啦，中邪了？哪来的热情呀？"我说："你说呢？有这么惹人喜爱的女儿能不高兴吗？"

她冲我做了一个鬼脸，我没理她，赶紧去逗我的小宝贝啦。

我的女儿在我们的百般呵护之下一天天长大，在家又是蹦又是跳，爸爸、妈妈喊个不停。不时拉着我们说这说那，时不时还冒出一两句特逗的话，惹得全家哈哈大笑。我们一家人都沉浸在女儿带来的欢声笑语中，每天下班我和爱人都会急匆匆赶回家，迫切想见到我们的宝贝。女儿真的成了全家人的掌上明珠。如今我确实很后悔当初为何有那么庸俗的想法。我有思想上的转变，还真得感谢我的女儿，是她给了我转变，使我从世俗的怪圈中挣脱出来，重新审视人生，激发了我对生活的更大信心。

　　宝贝，爸爸永远爱你！

　　　　　（此文发表于 2008 年 1 月 22 日《皖东晨刊》）

卖西瓜的小女孩

今天，下班以后，我和妻子带女儿到街上转了转。因为放假了，女儿整天待在家里，时间长了会觉得闷。我们逛了一下苏果超市，帮女儿买了点吃喝的东西就骑着车回来了。在回家的路上，我们看到一辆卖西瓜的拖拉机。妻说："几天都没吃西瓜了，我们买个西瓜回去吃？"我说："好呀！正好女儿也喜欢吃。"

说着，我在路边把车停了下来，妻就下车来到拖拉机跟前。卖西瓜的是一个老者，旁边跟着一个八九岁的小女孩，像是祖孙。小女孩皮肤白皙，头上扎着一个马尾辫，身上背着一个老式的皮包，应该是帮爷爷收钱的。妻很快在老人家的指点下，挑了一个西瓜，称好准备付钱的时候，发现身上没带钱。于是她拎着西瓜来到我的跟前，让我拿钱。那个小女孩也跟了来，我说："多少钱呀？"小女孩快速地回答道："三元五角钱。"我从钱包里拿了钱给她。出于好奇，我问了她："你几岁了？为什么会出来卖西瓜呢？"她看了看我说道："我九岁了。爷爷不会算账，我是来帮他收钱的。""是吗？你真能干！"我说道。她腼腆一笑，说道："谢谢叔叔夸奖。""把钱数好，收起来。""谢谢！"说完，她一蹦一跳，高高兴兴地跑到爷爷那儿去了。

在回家的路上，我对妻说："你看到了，那是一个多么可爱、懂事的女孩!"妻也有所感触地说："是呀，真是一个了不起的孩子，现在像这样的孩子越来越少了。"是的，不说别人，就拿我们家的女儿来说吧，从来没有体会过什么叫苦，只要我们能买得起的，那是要什么买什么。真是应了那句古话：穷人家的孩子早当家呀！回到家之后，我的脑海中时时浮现那个卖西瓜的小女孩的影子。

（此文发表于 2008 年 7 月 25 日《全椒报》）

寄托希望的花灯

    虎年春节，椒陵民俗——正月十三晚上的花灯节如期而至。灯主要是由县城内的几所小学的学生自制，然后在椒陵城的主干道——新华路上悬挂，供广大市民观赏。这一晚，整个椒陵城无比热闹，人们置身于灯的海洋。宝贝女儿现已长大，我决定在今年的花灯节带她去凑凑热闹，也去感受一下灯展的气氛，体会民俗的魅力！

    把这个想法告诉女儿，她显得异常兴奋。我们早早地就吃过晚饭，然后稍微准备一下就朝着新华路出发了。此时的路上已经有很多的行人朝那里赶。很快到了目的地，街上已是人山人海。街道两边的树之间拉起的铁丝上挂满了五颜六色、形态各异的灯笼。穿梭在人群中，女儿为看不见灯笼而大叫，于是，我就抱起了她。看着那些灯笼，女儿情不自禁地手舞足蹈起来，不断大声喊："爸爸，好漂亮呀！好漂亮呀！我也要做灯笼。"我说："好呀！你还小，等再大点，就自己做吧！"我抱着她，边走边欣赏那些灯笼。我们父女俩边看边交流。我发现女儿小小年纪，也有自己独特的思想和见解。

    妻的学校也参与了此项活动，她带队在叫"夏门欢欢"的蛋糕房门口。逛了一会儿，女儿要到妈妈那儿去，我就带她去了。

一路走去，听到行人们都在兴高采烈地谈论着。"这些孩子真不错，能做出这么漂亮的灯笼。"一位行人说道。"这些灯笼红红火火，象征着我县在新的一年里蒸蒸日上，也预示着祖国兴旺发达。"另一位行人应道。更多是一片赞叹声。到了妻那儿，女儿突然高兴地叫起来，因为她看到在妻班上同学所做的那些灯笼中有一组喜羊羊的图案。说到喜羊羊，女儿那是情有独钟，每天都坐在电视机前看得津津有味。

很快，灯展就到了尾声，观赏的人群也陆续散去。在新华路向南望去，绵延十里的灯笼好似一条长龙伸向远方。此时，不断有孔明灯飞上天空，女儿看见了，欢呼起来！那些灯笼呀，寄托了人们的美好希望，把人们对生活的憧憬带向天空，带向宇宙！不知什么时候，女儿的手中也拿着一盏灯笼，希望这盏灯笼照亮她的生活，照亮她的人生！

（此文写于 2009 年 2 月 13 日）

家中的 "教坛新星"

这几天一直下雨，既让人感到十分阴冷，又影响了人们的心情。可这样的天气，却丝毫没有影响到我们一家人的心情，整个家庭充满着无比愉悦的气氛，那是因为妻获得了滁州市第三届"教坛新星"的称号。妻感到十分兴奋，我们全家人也都为她骄傲。

今年，县教育局创办了《全椒教育》，我成了我校的通讯员。冯编辑看到我，问我为什么还没有投稿。是呀，平时我是喜欢写点什么的，可这一阵，不知道是天气的原因还是什么情况，我的思绪一直很乱，也没有好好静下来写点东西。写什么呢？冯编辑提醒我说："你就写你身边的人和事。"我脑海里一下闪过一个念头，何不写我的妻呢，她不就是一个很好的素材吗？

妻是一个很普通很贤惠的女人。平时，她是一个不多言不多语、很柔弱的人，但在教学上，她可是十分要强的，也有一股子韧劲。因为她一直要做一个对得起家长、对得起学生的好老师。每天上班她总是那么用心，从不拖拉。每节课都要认真做好准备，查阅资料，充分了解学生的情况，因材施教。在课堂教学中，她以学生为本，调动班内的一切积极因素，来提高教学效果。学生的作业，她总是认真负责地批改，做记号，学生订正以后，她还要再次批阅。经常在单位忙不过来，就把作业或试卷带回家批改。而且她对每一个学生都富有爱心。看到那些贪玩、不上进的同学，她是看在眼里、急在心里。于是想尽一切办法帮助他们，和家长交流反馈，和学生谈心，牺牲休息时间为他们补学补差。在她的努力下，这些学生很快有了进步。因此，她们班的成绩总是名列前茅，受到家长好评。

为了能更好地胜任工作，在紧张的工作之余，她还努力自学，不断提高自身素质。如今她已顺利地取得了本科文凭。平时，为了能让学生拓宽眼界，她买一些资料在家里研究，归纳整理，把一些好的题型带给同学们。为了学生，她有时连自己的孩子都顾不上。我有过怨言，也和她吵过。但每次静下来细想，首先她是一名老师，担负着教育学生的重任，往小了说是责任心，往大了说这是为了家乡的教育事业，她这样做是对的，我怎能不支持她呢？在教研方面，她也积极参与，她的多篇论文获奖或发表。她今年参加"教坛新星"的评选，经过努力，最终被评为"滁州市第三届教坛新星"。这是她努力的结果，也是对她工作付出和成绩的肯定。

成绩只能代表过去，妻说了，这只是她的开始。她说离一个优秀教师还有差距，还要努力，要成为一名无愧于心、无愧于家长、无愧于学生的好老师。说实话，有时候我觉得她都遮掩了我的光彩。但我的内心依然为有这样优秀的妻而感到无比骄傲和自豪。这就是我们家中的"教坛新星"。我想对妻说："妻，加油！我相信你一定会更好！"

（此文发表于2009年5月4日《滁州日报》）

抢　场

　　周末，在和妻子商量之后，我们决定下乡去。我们买房时，由于经济条件差，从亲戚朋友处借了一部分钱。现在边攒边还钱，这次准备把小舅的两千元给还上。已经拖了好几年了，虽说他们一直没有张口要，但我们早已觉得过意不去了。我们带上女儿，想趁着还钱的机会，到农村去呼吸一下新鲜空气，放松一下心情。

　　当我们坐上车时，天空竟下起了小雨。我们的心情略受一些影响，但还是去了。一路上，女儿显得特别兴奋，好长时间都没有下乡了，她唱了一路。看到她如此高兴，我和妻子也都开心地笑了。到站以后，我们就直奔目的地。我们一边欣赏着雨中农村的美景，一边设想着他们肯定准备了一桌丰盛的农村土菜正等待我们的到来。可当我们到达的时候，却被眼前的场景震惊到了。迎来的不是可口的佳肴，而是他们一家人正在场地上忙碌着，还有几个邻居在帮忙，都在忙着抢收油菜籽。我们一下子愣在那里，看来我们来得不是时候，忘了现在正是农忙时节。此情此景，我们也不能就这样袖手旁观呀！把女儿安顿好，我和妻子就赶紧加入抢场的队伍中。我们的参与却受到了在场所有人的阻止，他们说："你们都是读书人，干不了这样的活。"我可不信，通过这些年的生活磨炼，我已不是从前的我了。更何况我们也不能看着即将到手的粮食被雨水淋而无动于衷呀！我们拿起工具义无反顾地投入到紧张而快乐的劳作中。虽说我们的动作在这样的场面显得有些蹩脚，但我们真正体会到了农民劳作的那一份辛苦和收获的乐趣。天公还算作美，雨一直没有下大。在众人的共同努力下，到中午吃饭时间，一场油菜籽总算被我们"请回家"了。大家舒了一口气。

来到家里，小舅有些歉疚地说："你们来，我们竟到现在还是'冰锅冷灶'的。太怠慢了！"我赶紧说："您说到哪里去了！这样说不就见外了吗？我们还要感谢你们给我们这样的机会去体验生活呢。"说真的，虽说没有吃上农村可口的大餐，我们却意外饱尝了一顿人生大餐，让我们感到了那久违的抢场所带来的乐趣！

（此文发表于 2009 年 6 月 21 日《全椒报》）

父女情深

　　宝贝女儿已经4岁半了。出生时，我还经常带她，后来由于工作的原因，一直都是妻每天带她。我隐约感到我和女儿之间好像陌生了许多。这天晚上，妻正好有事，要求我陪女儿睡觉，我二话没说，爽快地答应了。

　　刚开始，我带她去睡觉，女儿怎么也不同意。这时，一旁的妻插话道："宝贝，你就让爸爸陪你吧。妈妈正好有事，爸爸好想陪你，就给他一次机会好吗？"女儿极不情愿地说："那就今晚一次，行吗？"妻说："行。"于是我就帮女儿洗漱，然后带她去睡觉了。

　　来到床上，女儿提出一个要求，要我给她讲故事，她才睡觉。说实话，我挺累的，于是就对女儿说："宝贝，我很累，听你们老师说，你讲故事很好听，那你就给我讲讲吧，好吗？"没想到女儿很得意地就答应了。她给我讲了《喜羊羊和灰太狼》的故事。女儿讲故事时，表情丰富，声音抑扬顿挫。看到女儿表现得如此出色，我情不自禁地鼓掌，一方面为她的出色表现高兴，另一方面也为自己对女儿了解太少而感到自责。看来我平时真应该多抽出时间来陪陪她、了解她。因第二天要上学，我就对女儿说："宝贝，你真能干，讲得非常好，爸爸很喜欢。明天还要上学，我们就讲到这里，好吗?"女儿很懂事地说："好，爸爸，明天我再给你讲好吗?"我眼眶含泪，激动地说："好的。你真是个听话的孩子，爸爸妈妈永远爱你。"于是我搂着她说："就让老爸搂着你睡吧。"她高兴地依在我的怀里睡了，不一会儿，我就看到女儿甜甜地睡着了。为了不惊醒她，我一动也不敢动，静静地躺在床上，望着女儿那恬静的面容，尽情享受着那一份天伦之乐!

等女儿睡熟后，我才小心地把手挪开。起床后，我拿起笔，记下一时的感受：父女情深呀!

（此文发表于 2009 年 8 月 14 日《滁州广播电视报》）

对爱情要有信心

自从我的那篇《学校来了"七仙女"》发表之后，引起了不小的轰动。一篇文章为什么会有这么大的影响呢？一打听，原来是题目中的"七仙女"惹的祸。我的单位不断有人议论，妻的单位那更是褒贬不一呀。同事们都对妻是"好言相向"——你要注意了，这"七仙女"不可不防呀！

那天下班，隐隐约约我就感觉到妻有什么话要说。果然，走了一段后，妻忍不住说话了："你的那篇《学校来了'七仙女'》发表了，你知道吗？"我弄不清妻葫芦里卖的什么药，随便应道："我知道了。""感觉怎么样呀？""啊，这是什么意思呀？又不是第一次发表文章，没什么感觉呀。"妻有些不耐烦了，一股醋意袭来："不会吧，感觉挺好吧？每天有'七仙女'陪着上班，那一定很好吧？""什么呀，你怎么会有这样的想法？不要多想，只是一种创作而已。我是什么样的人你应该很清楚。"妻也感觉到不该对我有那样的看法，为了掩饰自己，赶紧说道："我只是随便说说，你也不要多心。"说完我们都沉默了。

回到家里，我越发感觉到妻对我的那片心。想到这儿，我的内心一阵痛楚，是我让妻受到了不小的委屈。其实，一开始要用这个名字的时候，我也犹豫了很长时间，就是考虑这样的题目会不会太过招摇、太过刺眼。但我为了吸引编辑的眼球，最终还是确定用这个名字。让我始料未及的是竟会产生这样的影响。可我的心是透亮的，是专一的。

想到这儿，我只想对妻说，我的心只属于你一个人，相信自己，相信我，对待爱情要有信心。

（此文发表于 2009 年 12 月 15 日《皖东晨刊》）

生命中的"三颗宝"

著名笑星潘长江唱过《两个对我恩重如山的女人》，而我却要向你们讲述我人生的"三颗宝"。

第一颗宝就是那生我养我的母亲，是她十月怀胎将我带到了这个花花世界，又含辛茹苦，一把屎一把尿地把我拉扯大。其中，我的母亲经历了太多的艰辛。从我记事起，我总是看到母亲每天不停劳碌的身影。她对我和弟弟的学习要求特别严格，对待我们的生活更是无比关怀。为了不影响我们每天上学，她总是天不亮就起来为我们准备早饭，待我们吃好上学，她才能吃上一口然后急匆匆地下地干活，而此时别人已经在地里干了很多活了。中午，也是为了我们的学习，她又总是赶在别人前面急急忙忙回家为我们准备午餐，好让我们放学回到家就能吃上可口的饭菜。这样一来，我家的农活总是比别人家做得慢。一家人的生活就靠田里的农作物，怎么办? 母亲一向是一个要强的人，那是决不能落在别人后面的。于是她总是在夜晚等我们都睡了，连夜劳作。如此的生活，可想而知当时母亲每天的劳动强度有多大呀! 但母亲说，为了我们的学习，她从来没有后悔过。现在每每想到这些，我的内心总是充满着无限的内疚，现如今也没能让母亲过上像别人一样的好日子。好在，母亲的付出没有白费，他的两个儿子还算争气，我做了老师，弟弟成了一名军官。眼看着，劳累了一辈子的母亲就要过上好日子了。可是天有不测风云，一向身体硬朗的父亲却因病离开了我们，这无疑对母亲是沉重打击。母亲悲痛万分，同时也给我们一家人的心灵上蒙上了一层阴影，整个家庭的生活好像一下跌入了万丈深渊，再也没有了往日的欢声笑语。受到这一沉重打击的母亲一下子变得暴躁了许多，一说话就发火。而我也是无比悲痛，每当母亲发火时，我也总是控制不住自己。这样总惹母亲生气，也让母亲误认为我是一个不孝子。说实话，我也不想这样的，我的内心是多么地爱我的母亲，但一到关键时候，我那张不争气的嘴就"叛变"了。我只想对母亲说："妈，儿子的内心也很痛苦，你要知道不管怎样我都是爱你的！妈，原谅我，好吗？"

第二颗宝就是我人生中的另一半——妻。是她在我人生最失落的时候给了我感情上的填补、生活上的关心。自从读了师范，我就不甘心将来做一名老师。上学期间，我就不断憧憬着日后能够改行。可事与愿违，父母一直认为我的性格只适合做一名老师。因此，我一次次与机会失之交臂，无奈之下，就做了一名老师。那段时间我极度消沉，几乎对生活失去信心。就在这个时候，妻的出现填补了我感情的空缺，也成了我的倾诉对象。有了她的鼓励和关心，我不再消沉，不再自卑，一个开朗、自信、快乐的我重新出现在大家面前。但是父亲的过世，着实给我当头一棒，再次使我陷入困境。我痛苦，伤心，不能自拔。我总是认为命运对我实在是太不公平了。每次喝酒，我都是酩酊大醉，借酒消愁，以此麻醉自己。但是，我每次醉酒后更加痛苦，以致号啕大哭，以发泄心中那无尽的痛苦和思念。又是妻陪我度过了那些灰色的日子，使我不再孤独、沉沦。

　　第三颗宝就是让我感受到天伦之乐的爱女。虽然一直以来，我受传统思想的影响太重，存在着重男轻女的偏见，但在爱女呱呱坠地的那一刻，看到她那白皙的皮肤、可爱的脸蛋，我忍不住上去亲了她一口。我一下子清醒过来，发现我错了。宝贝的到来，给我带来了无穷的乐趣，给家庭带来了无尽的欢笑。也正是她，激发了我写作的热情，打开了我创作的源泉，让我时时有倾诉内心情感的欲望和冲动。为了表达我对女儿无尽的爱，我把我的情感付诸了文字，而且还大胆地投给了滁州日报社，其实我心里比谁都清楚，就我那水平，一定是杳无音信、石沉大海，也就压根没把它当回事。没想到几个月后的一天，我竟意外地在《滁州日报》上看到了我的那篇文章。真可谓，有心栽花花不开，无心插柳柳成荫。我激动不已，这都是宝贝女儿的功劳。那天回到家里，我把女儿抱在怀里亲了又亲，我沉浸在从未有过的幸福之中。

　　这就是我生命中的"三颗宝"。我感谢她们——感谢她们给我的爱，感谢她们给我带来的灵感，感谢她们让我的人生更加完美。母亲、妻、女儿，我爱你们！

　　（此文发表于 2009 年 12 月 19 日《滁州日报西涧周刊》）

皖东的"星光大道"

接到通知，称我的那篇《为共和国喝彩》在滁州市委宣传部组织举行的"维也纳春天杯——我与共和国共辉煌有奖征文"评比中获得了三等奖，要我去领奖。这让我这个初次尝试爬格子的人，内心着实激动了好一阵子。也好，由于工作的原因，我好长时间没有光顾滁城了，正好趁此机会来个滁城一日游。

一大早，我就兴奋地起床了。虽然天空下起了小雨，但我的内心全是激动和喜悦。乘上公交车，很快来到了滁全路，我的眼前一亮，原来的那个小气而略显拥挤的老路已经被现代化的城际高速所代替。宽阔的六车道和路两旁美丽而富有艺术感的绿化让人赏心悦目。所有的设施都采用了先进的技术和优质的材料，把整条路打造成了滁州的形象工程。早就听说为了配合"大滁城"建设，市委市政府重新打造了滁全路，但一直未能一睹风采。如今看来，这条城际高速真正称得上是皖东大地上的"星光大道"。它的建成加快了滁州的城市建设和经济发展，更好地融入南京一小时都市圈。同时，它还把滁州的交通建设提高到了一个新的高度。

一路上，车上的乘客都在不断称赞这条通向现代化的幸福大道。在这样一个特别的日子，除了得到了精神上的奖励，也让我好好感受了皖东大地上这条"星光大道"的魅力！很快就到了滁城，我的内心一下子蹦出个想法：愿滁州就像行驶在这条"星光大道"上的汽车一样，飞速地驶向幸福的明天！

（此文写于 2011 年 4 月 11 日）

父女同台上春晚

2012年1月15日晚，在美丽的全椒中学大礼堂里，由全椒县委县政府组织举办的"2012龙年春晚"拉开帷幕。此时此刻，作为一名全椒人，我心里别提有多开心了，这是我第一次在现场观看春晚。同时，对于我来说，也有着更让人兴奋的意义，那就是今晚我将第一次站在舞台上表演节目。真让人热血沸腾！除此之外，台上还有一个人让我从心底里感到欣慰和幸福——7岁的宝贝女儿，她将和我同台演出，在旁边给我伴舞，你说这不叫幸福叫什么呢？

谈起上春晚，我还得说说这个节目。这个节目是我们学校师生共同表演的经典情景剧——周敦颐的《爱莲说》。其中我饰演的是周敦颐、我女儿跳的是荷花舞，另外有一名老师给学生讲解，还有一位女教师跳舞，一位女教师画荷花。舞台效果好，阵容庞大，整个节目可以说非常有文化底蕴和内涵。这个节目可代表了我们学校的形象，也是我们广大师生共同努力的结果。为了这个节目，校长组织了好几个教师进行构思，最终搞定剧本。接下来，就是非常紧张而又有些乏味的排练。每天除了上班，其余的时间都用来进行排练，一遍一遍地进行，一遍不行再来一遍，每一句话、每一个动作都要练上很多遍，直到练熟为止。一场排练下来，我的嗓子都快要冒烟了。而那些可爱的小演员们也都跳得筋疲力尽，但他们的脸上依然露出灿烂的笑容。我想是集体荣誉感让他们忘记疲劳，激发了他们的斗志。静下来想一想，原来那些让我们羡慕不已、在台上潇洒自如的演员，在台下不知吃过多少苦才换来了台上的精彩瞬间。

你也许不知道，在这之前，我可是一个性格内向的人，只要在公开场合说话，整个大脑都会嗡嗡响，更别提在这样一个规模的舞台上表演，那可是要命的。但作为一名师者，这样怎么给学生上课呢？如果不能很好地胜任工作，何谈在教育事业上做出成绩。光想是不行的，得通过实际锻炼才能使自己不断提高。于是，我就经常参加学校组织的各项活动，以达到锻炼自己的目的。

其实，教师和演员一样，也是付出无数汗水才换来桃李满天下。我想，这一台晚会是我的全新开始，也是女儿的全新开始。

（此文发表于 2012 年 2 月 22 日《滁州日报西涧周刊》）

校门口的三朵警花

虽然是初春，但我们依然能感觉到一丝寒冷，让人有些不适。正好这一天轮到我值日，于是我早早地就来到了学校。简单安排一下，我就挂上我的值日牌子来到了校门口。你不知道，我们可是挂牌上岗。

来到校门口，遵照校长的指示，我们每一个值日的教师都得在校门外的摄像头下面绕一下，好让她能够知道我们是不是来值日了以及到岗的时间。走出校门，我在摄像头下晃了一下，然后习惯性地向四周看一下，看看有没有什么情况或是有什么可疑的人，这是我们的职责，一切以学生的安全为第一。目之所及，没有发现什么，一切正常，这下可以放心了。正当我准备进入校园时，在马路对面的不远处，我看到有三个人戴着白色的帽子。这引起了我的注意，为何他们都戴着白色帽子呢？出于好奇也是为了安全，我决定探个究竟。定睛一看，让我大吃一惊，原来是三位女警。我就问旁边跟我一起值日的人，这是怎么回事？从他口中得知，县交警大队为了维持我们学校门口的交通秩序，特意在这里设立了"女子交警护学岗"，专门在上学和放学时对学校门口的交通情况进行管理。原来如此！有了她们，我们的心里也就有底了。这也让我们倍感欣慰。她们帽徽上那熠熠闪光的国徽让人肃然起敬。

三位警花站在那一字排开，她们神情专注而亲切，不停地指挥着行人和车辆。这是素质的体现。原本我们的老师还在为每周要在门口值日而愤愤不平，看到她们的所作所为，我们所做的又算得了什么？有了她们，校门口变得秩序井然，她们为全校师生创造了一个温馨而安全的环境。

"叮铃铃……"一阵清脆悦耳的上课铃声打断了我的思绪。这时，看到校门口不再有学生进去，三位警花也转身离去。看到她们渐远的背影，我不禁轻声哼唱起："因为有你……"是她们给了孩子们一片平安快乐的蓝天。背影远去，但那警徽依然熠熠闪光。

（此文发表于 2012 年 3 月 23 日《滁州广播电视报》）

如此读书境界

我有个习惯，那就是无论工作多忙，都会抽时间陪孩子逛逛超市等。一天，我如约和妻子带女儿一起来到县城新区新开张的一家超市。超市分为两层，装饰一新，货物琳琅满目，人头攒动，一进去就让人感受到温馨舒适，充满着浓郁的生活气息。

每每逛超市，女儿都显得异常兴奋，除了可以购买许多喜欢的零食和玩具之外，还能与我这个平时只顾工作的"大忙人"一起享受生活的乐趣。只见她机灵快乐地穿行于整齐的货架之间，是那么地无忧无虑。一眨眼，就不见了人影，赶紧追过去，她摸摸这个，捏捏那个，对任何事物都充满着好奇。看到此景，我和妻不禁相视一笑，这就是她表现出来的童趣。她跑着，笑着，并催促着我们："老爸，老妈，快一点儿……"

突然，我远远看见女儿停住了脚步，怎么了？是扭伤了还是遇到了什么情况？我三步并作两步快速上前，关切地问道："宝贝，怎么啦？""老爸，你看那个人，他读书的时候好认真呀！"顺着她指的方向我看到，在不远处的图书区的一角，一位衣衫褴褛的老者正坐在地上，手捧着一本书专心致志地读着。让我大吃一惊，从他的穿着来看生活应该并不富裕，为何还有闲情雅致在此看书呢？只见他时而面带微笑，时而若有所思，越发激起我的好奇心，想走近看看。为了不打扰老人，我假装在书架上寻找书，慢慢靠上去。也许是我多虑了，那老者正沉浸于墨香与思考之中，根本无暇顾及周围人的动作。直到我站在跟前，老人连头都没抬一下，一切依旧。用眼睛的余光，我看到他手中拿的是一本《人生》。他肯定是一个热爱生活的人。

如此之人，叫人佩服；如此境界，让人惊叹。于是，我和女儿借机谈起了阅读。女儿刚开始识字的时候对书那叫一个爱不释手。如今，随着年龄的增长，随着与电视、电脑的接触，她似乎对阅读的热情不再。即便是阅读，也多是一些娱乐类的书。我说道："宝贝，你看那老爷爷真的值得我们学习，在阅读时不受外界的任何干扰，是那么投入，那么认真……""老爸，其实，你不说我也懂。我已经意识到自己对待阅读的态度不对了，以后一定会向他学习，做一个阅读的有心人。""太好了，真是个聪明的孩子。""老爸，你不要忙着表扬我，我可得批评你，你说说看，你平时阅读能够做到这样认真吗？"女儿接着就"炮轰"道。"啊，我、我……"我的脸唰地红了，"你怎么说起我了。""不能说你吗？你作为教师，也应该不断阅读，更新自己的知识，要不然你怎么去教你的学生学习新的知识？"我一时语塞，女儿的一张巧嘴真是够人受的，不过她说的确实在理。

"好了，宝贝，你说得对，我今后一定改正。就让我们一起努力吧，从阅读开始。""好呀，说话得算数，我会监督你的。"

（此文写于 2015 年 2 月 15 日）

游生园记

　　生园其实就是我们当地县城的一所集自然风貌、园林绿化、生态休闲等为一体的综合性开放式公园。生园就在我们居住小区的马路对面，我只是在楼上远眺过她的一角。现在的生活就是这样忙碌，近在咫尺的生园竟从未走进，不知该是无奈还是委屈。正值春节，女儿也放假了，但每天从早到晚多数时间都坐在书桌旁"啃"着作业。虽然心里不免有些心疼，但大家都这样，唯恐孩子落后。因为我们都被一个世俗的圈套给套牢了——不能让孩子输在起跑线上。今天，正好我没事，好说歹说，才让女儿丢下手中的笔到大自然中去走走。

　　边走边和女儿交流，我像她这么大时每天都会快乐地和村里的伙伴们在一起摘野果、打猪草、跳房子、捉迷藏……女儿眨巴着眼睛看着我，这些事物生长在县城的女儿闻所未闻。

　　女儿问道："那你们就不学习吗？"

　　"怎么不学习呀！我们是把学习完成之后再去玩耍的。"我有点得意地说道。

　　"我们现在好多作业呀，做都做不完，哪有时间去玩呀，更何况小区里的孩子都被关在家里，和谁去玩呢？"她有些沮丧。

　　我赶紧安慰道："没关系的，现在不是出来玩了吗？以后只要你想玩，我就陪你出来，或是叫上妈妈一起陪你玩，不就行了吗?"

女儿脸上露出一丝微笑。

不知不觉，我们就来到了生园。踏上幽静的石板小径，迎面扑来阵阵清香，让我们感受到大自然的馈赠。女儿不禁问道："老爸，这里怎么还有香味呢? 快走，到里边去瞧瞧。"大约走了三四十步，眼前有个不大的池子，池上还有座仿古的小桥，美丽的雕纹给小桥增添了几分韵味。这让我想起，我们所在的县城历来就以桥多而小有名气，吸引不少文人墨客作文吟诗，因此留下了不少脍炙人口的名篇佳作。池水清澈见底。女儿说："老爸，我好想玩一下水呀。""好呀，我扶着你，你用手玩玩吧。""好清的水，现在是冬天，怎么一点儿不冷呢? 家里的自来水可冰气十足。""对了，这就是大自然的魅力所在，它有来自大地的温暖呀!""大自然就是这么神奇，这么伟大，有了大自然的哺育，我们才能得以健康、幸福成长，你要多多走进大自然。"女儿若有所悟地边嬉戏边答应着。瞬间，几滴水珠洒到我的脸上，原来是女儿调皮地用手在向我洒水，让我一下子感受到儿时戏水的快乐。

继续前行，放眼望去，生园还真不小，四面树木挺立，花草丛生，各处布有不同的建筑，有造型独特的假山，有古色古香的徽派屋宇，有曲径通幽的小道，有迂回的长廊，有蕴含地域特色的文化墙……由于整个工程还未全部完工，不时可以看到有工人还在进行后续的整理，据说再过几个月就要向居民开放了，到那时这里肯定是人来人往，给生园带来无限的生气和活力。偶然听见有游人说，这生园漂亮是漂亮，但花草树木缺乏名贵之气。女儿却不这样认为：生园是大家的乐园，就应该朴素平实，让人容易走近，开开心心地置身其中，体会大自然的原生态。女儿语出惊人，没想到小小年纪竟会有这么深刻的理解，着实让我吃惊，也许这就是喜欢阅读的好处吧，抑或是受到我的影响。置身生园，人有一种回归自然的感觉。

美好的东西总是让人流连其中不愿离去，没想到走着走着、想着想着，我们竟将整个生园跑了个遍，一看太阳也已悄悄藏起她圆润光辉的脸蛋，是我们该回的时间了。

正走到门口，路边的灯亮了，一回头整个生园都被五彩的灯光环绕，霓虹下的生园更有一番情趣……

（此文发表于 2016 年 4 月 30 日《全椒报》）

写给上中学女儿的一封信

亲爱的宝贝：

　　请允许我这样称呼你，也许你不太习惯，因为生活中我们从来都是很"家常"的，但你要知道，虽然嘴上不说，但我们心中是多么地爱你呀！

　　伴随着我们的呵护，伴随着我们的教育，你快乐地成长着。转眼你已跨进中学的大门，我的内心总有一些话想要对你说。是交代，是叮嘱，还是提醒？我不太清楚，就是想对你说一说。从你呱呱坠地，牙牙学语，蹒跚学步，从你的出生宴，百日照，抓周仪式，从你进入幼儿园，升入小学，再到如今的中学，这一连串的画面此刻就好似电影一般在我的脑海中浮现。我始终觉得你还是当初那个扎着马尾辫的小女孩，总是不敢放手，这种感觉说不清、道不明。也许你不能理解，这也许就是为人父母的牵挂与责任吧。

　　时光荏苒，你或许不知时间的流逝意味着什么，因为你还无法体会时间的重要性。新的环境，新的学段，新的同学，新的老师，新的课文，一连串的"新"，我怕你有些不适应，也怕你有些兴奋过头。随着学识和年龄的增长，我总感觉你离我有点儿"远"了。所以思前想后，我还是决定写这封信给你，望能给你提供一些帮助，提出一些建议，带去一些激励，送上一些支持。

一、低调做人，高调做事

低调做人，就是与同学相处要谦虚内敛、大方得体。高调做事，就是对待学习、班级事务要高标准、严要求，勤学苦练，不断前进。做人做事别人都能看见，群众的眼睛是雪亮的，切忌狭隘地心中只有自我。

二、努力学习，挖掘潜能

对待学习要勤奋，认真钻研。态度决定一切，习惯决定人生。要时刻端正学习态度，知之为知之，不知为不知。学习的困难要敢于面对，迎难而上，困难就像弹簧，你弱它就强，发扬不怕吃苦的精神，尽自己所能去钻研。

三、戒骄戒躁，不忘初心

谦受益，满招损。无论是学习还是与人相处，要平心静气，不能由着性子来，始终做到成功不骄傲，失败不急躁。要清楚地认识到"世上没有永远的成功，也没有永远的失败"，失败乃成功之母，从失败中找教训，从失败中找原因。时刻牢记，诚实做人，勤奋学习，缺一不可。

宝贝女儿，在家是父母的宝贝，出门就是社会的成员，要有担当，有眼界，有心胸，有思想，才能赢得别人的认可和欣赏。为父没有高深的理论，只能以自己的一点认识和体会与你交流，与你分享。当然，父母永远是你的港湾，成功了父母为你自豪、为你喝彩；失败了父母为你打气，为你疗伤……请记住，父母永远是你的坚强后盾！

祝健康成长，学习进步！

爱你的老爸

2016 年 9 月 1 日

（此文发表于 2016 年 10 月 18 日《滁州日报》）

又是一年端午时

去年端午今又端午。一句"每逢佳节倍思亲"道出了多少中华儿女的思乡之情，也道出了多少父母对子女的牵挂。好在我就在家乡的县城工作，离乡下老家也就几十里路，平时忙于工作而不能经常回去，起码能够在传统节日回乡一聚，看望一下父母。与那些常年远离家乡、远离父母在外拼搏的人相比，心里早已觉得幸福多了。时间如梭，2017 年的端午节又如期而至，女儿嚷着还要到乡下去过节。一下子勾起我的回忆，去年端午的情形历历在目。

女儿一直比较喜欢看书，从文学到民俗，从经典到童话，可以说知识面也比较广。在回乡的路上，女儿不断地跟我们说着有关民风民俗的知识，这都得归功于阅读呀。说起端午节，女儿就问我们儿时的节日氛围，一时竟将我的思绪拉回了二十年前，儿时与伙伴快乐地嬉戏，到处都有我们的身影，响彻着我们的歌声。家家户户都早早准备过节，买肉、包粽子、插艾草，好不热闹。说着，女儿显得有些不高兴地问我："爸爸，你说现在为什么再没以往的节日气氛呢？"说的也是，不知从何时起，我们离那些朴素的传统、快乐越来越远。随着时间的变迁，随着城市的发展，随着生活的富裕，我们仿佛丢失了什么。好在女儿早已从书本中了解了丰富的传统，从中得到太多快乐的滋养。

　　车子行驶在平坦的水泥公路上，两边高大的树木造就了别有风味的林荫道，舒适与恬静陪伴我们一路。虽没有儿时的过节气氛，但还是能够看到道路两旁的人家在准备的身影，一路也能看到一些人赶往乡下与老人们共同庆祝佳节。呼吸着新鲜的空气，欣赏着田野的生机，在女儿的期待中，车子很快就到了村庄。熟悉的风景，熟悉的建筑，熟悉的一切都展现在眼前。端午时节，多数的田地都已被勤劳的乡人栽种上了秧苗，更是为节日增添了些许的劳动之美。来到家里，老房子亲切如故，老人早已等候在门口，是对儿孙的期盼，是对亲情的守护。小狗阿黄早已跑到门外迎接它的老朋友——女儿了，摇动着尾巴，偎依在我们跟前。老式烟囱里冒着熟悉的青烟，这是传统的味道，这是乡土的味道，这是关爱的味道……

　　赶紧入座，丰盛的菜肴让人有一种无处下手的感觉，什么都想尝尝。颜色纯正的凉拌黄瓜，肉质鲜美的水煮鲫鱼，漂着金黄油珠的农家鸡汤，筋道十足的公鸡贴饼……一向不喜饭菜的女儿，正盯着这一道道美味呢！老人催促道：不要发愣了，赶紧坐下吃，我们边吃边聊。鱼呀，饼呀，鸡呀，一骨碌地飞入碗中，夹入口中，进入胃中，怎一个"美"字了得。我们吃着，聊着家长里短，吃的是味道，聊的是岁月，添的是情感。女儿不时插话，还是乡下过节更有"味道"。阿黄还是紧紧围在女儿旁边，吃着女儿给的骨头和肉食，享受着小主人的关爱。一桌丰盛的饭菜在大家的"努力"下一扫而光，老人看着空空的碗碟笑得灿烂，儿孙们喜欢吃他们做的饭菜无疑是他们最开心的事了。

　　饭后，妻与母亲一起摘准备带回的蔬菜，话着女人间的秘密。女儿在大屋的一角，抚摸着阿黄，变着法子逗它。而我则来到车上小憩一会，闭上眼睛，儿时的一幕幕浮现于眼前，如何与小伙伴嬉戏，如何在田野里寻瓜找枣，如何在小河中摸鱼捉虾……童年虽没有网络与富裕，也没有霓虹与繁华，但有无限的自由与乐趣。女儿不知什么时候把头伸进了车内，调皮地看着我，笑道："老爸，在做什么美梦呢？""哪有什么美梦，只是听听大自然的声音，想想童年的趣事罢了。"女儿上了车，在副驾躺着："说给我听听？""你想听？可以呀！"什么踢房子、打纸牌、滚铁环、斗鸡……一股脑地说了一大串，说得我幸福极了，岁月流逝，没想到我还能熟记于心。一旁的女儿眼睛一下不眨地盯着我，那个羡慕啊。"老爸，你们童年好开心哟，我们要有这样的童年该有多好啊！"女儿忍不住感叹道。

谁说不是呢。像这样带上孩子下乡走一走，看一看，聊一聊，品一品，感受人间真情，体会童年乐趣，怎一个幸福了得？时过境迁，物是人非，年年端午年年有别，期待明年端午的到来！

（此文发表于 2017 年 5 月 31 日《滁州日报·家庭》）

父亲，您还好吗？

子欲养而亲不待。转眼，父亲离开我已经 15 个年头了。消逝的是岁月，抹不去的是我对父亲的思念。父亲的音容笑貌无时无刻不浮现在我的脑海中。一想起父亲，我的内心就像打翻了五味瓶，总有一种说不出的滋味。总觉得身为儿子，我没有让他过上好日子，没能把他从死神手里夺回来，这也成了我现在乃至一辈子的遗憾。每每想到这些，我的心里都充满了愧疚，充满着无限的思念。

其实，在幼时的记忆中，我的父亲总是在外面奔跑，跑运输，跑小买卖，很少在家，也很少和我们在一起。但我们从来不怪他，时常期待能够和他在一起，因为他那也是为了能让我们过上好日子，而到外面受苦受累的。要知道他在外面过得也很不容易，受了很多苦，又有谁关心、有谁知道呢？而这些，在我小的时候真的无法理解和体会，只有当我踏入社会，才体会到生活的酸甜苦辣，经历了人间的冷眼嘲讽，回过头想想，原来我的父亲当时那么不容易。可是这一切都太迟了。正当壮年的父亲不幸患病，面对病魔，父亲强壮的身躯显得脆弱无比，稚嫩的我也无法从病魔手中救回父亲。

还记得，从小学到中学，父亲对我的学习要求非常严格。他总希望我能出人头地，能实现他此生未完成的心愿。他出生在一个贫穷的家庭，爷爷是一个哑巴裁缝，奶奶是一个劳动力不强的人，在那个困难的岁月里，全家人生活只能依靠爷爷给别人做点衣服换点食物。世事难料，这艰难的日子遇到了更大的不幸，爷爷长年节省粮食给父亲吃，自己体虚致死。后来，奶奶无力养活父亲，只能改嫁。在好心人的帮助下，父亲得以上学，但早上必须先去打一篮子猪草或是干些其他的活才能去上学，放学之后又要马上赶回家带弟弟妹妹们，晚上还要帮着家人做一些家务，根本没有时间学习。就这样，父亲在饥寒交迫中靠别人的接济度过了童年。后来家里实在无力支付学费，父亲就辍学在家带孩子。两年之后，在一位老师的帮助下，父亲再次得以回到课堂，后来因故永久辍学，正式在生产队上工，帮助家里挣工分（那时候是大集体，每家每户靠挣工分来分得粮食）。那年，父亲想去参军，所有的条件都达到了，却在最后被生产队以父亲的家里没有真正的劳动力挣工分，全家就会成为生产队的负担为理由否决了。再后来，因父亲是高中毕业，当时成绩还不错，当年正是教师缺乏的年代，有人就推荐他去当代课教师，都上过几天课了，但后来又被人以莫须有的"罪名"给弄了回来。随着年龄大了，父亲也就失去了"出人头地"的机会。想想，我都为父亲感到惋惜，也为父亲感到不平。于是，要让自己的孩子好好读书、出人头地的愿望在父亲的心里深深扎了根。

　　刚上学的时候，也不知是怎么了，我就像一个傻子一样，什么也不懂。上了一个月，我竟连5个数都数不了。这可把父亲气坏了，那天回家，父亲大发雷霆，一脚把我从家里给踹到了外面去，足足有六七米远。当时，我吓坏了。一贯胆小的我就一个人跑到外面的一个角落里躲了起来，天黑了也不敢回家。后来姑妈看见了，才把我拉到奶奶家，那一夜我在奶奶家过的。也许有人会说，那也太狠了吧，但说真的，如今回想起来，在我的内心特别感谢父亲的那一脚，要是没有那一脚，也许就没有了我的今天。

也难怪父亲发那么大的火，生那么大的气，想想父亲的童年和经历，再想想我是那么不争气，他怎么能不生气呢？好在自从挨了父亲那一脚后，我好像开了窍，学习好了起来，尤其是数学，总是在班上数一数二。就这样，中考时，我的成绩上了中专线，上当地的县一中应该没有问题，但还是在父亲的安排下，为了拿到在那个年代让人羡慕的"铁饭碗"，我"稀里糊涂"地上了师范学校。毕业后，我顺理成章地做了一名教师，虽然工资不高，但比较稳定，对父亲也算是一种安慰。弟弟呢，学习一直也不错，最后顺利考入警校。但他的心里始终装着从军梦，即便是在警校上学，也"排除"一切干扰，弃警从军，并考入军校，成为一名军官。这更是让父亲高兴不已，也让好多人赞不绝口，每当这时父亲都会笑得合不拢嘴。

历经"千辛万苦"，日子总算熬过来了，好不容易把我和弟弟都拉扯成人，并且都成了吃公家饭的人，在常人看来，父亲能享福了，可没想到却被无情的病魔夺去了生命。这一切来得太突然，让我这个涉世未深的年轻人一下子没有了方向。很长时间，我无法自拔，但这些我都深埋于心中，因为我不想别人看不起我。每当喝酒之后，我的内心就极度脆弱，总是想到父亲，我和父亲在一起的画面历历在目，越想越难受，每每以泪洗面，只有这样我内心的苦才能得以发泄。我总想对父亲说："爸，您还好吗？不要怪我，不是我不孝敬您，只是儿子无法从死神手中挽回您的生命。爸，在天堂里好好过吧，我下辈子还做您的儿子，再好好孝顺您吧，好吗？"

父亲永远地走了，再也不会回来，这成了我永远的伤痛。

（此文收录于全椒县教师作品集 2018 年 3 月《仁爱之师》）

也把爱带回家

　　爱是营养，爱是阳光，爱是雨露。充满爱的世界是幸福的、是美丽的。作为一名老师，我们心中牢牢记着要用爱去对待每一位孩子，用爱培育每一位孩子。教师的职业性质决定更多的时间是与学生在一起。干一行爱一行，这无可厚非，但我们绝不能顾此失彼，忘掉了对家庭的爱、对孩子的爱。

　　这是发生在我身上的真实的故事。那天，因女儿成绩下降，我很是难过，自己教得了别人的孩子，为什么教不了自己的孩子呢？自己的孩子都教不好，我还能教好别人家的孩子吗？家长又会怎么想呢？还会相信我的能力吗？怎么办呢？静下来想一想，我决定和孩子来一次长谈。回想一下，我都好长时间没有和孩子交交心、说说话了。真的那么忙吗？

　　和女儿的交谈还算平静、自然。总体来说，女儿还是非常听话的。从她的话语中能够听出对我些许的"不满"，好在发现及时，否则将"铸成大错"。我表达了自己的歉意，女儿也很是理解。随着学业的提升、年龄的增长，总有一天，你会离我越来越远的。以往，老爸经常陪伴在你的左右，帮你做这做那，如今爸爸工作太忙，加之你逐渐长大，也应该学会自己的事自己做，自己遇到的难题自己应对和处理。父母是你的坚强后盾，但绝不是你的保姆；家庭是你的温馨港湾，但绝不是你的安乐窝。长大后，你就成为一个社会人，就应该对社会有责任，有贡献；对家庭有担当，有关爱；对人生有理想，有目标。

女儿开心地笑了，笑得那样灿烂，那样美丽。是该学会权衡了，绝不能只顾工作而伤了家庭、忘了孩子。只有家庭和睦、子女成人成才，我们才能更好地工作，才是最大的赢家！

（此文写于 2018 年 10 月 10 日）